감수 스다 겐지

무사시노 자연사연구회 대표. 다마로쿠토 과학관 및 무사시노 자연클럽에서 아이들에게 곤충의 재미를 알려주기 위해 힘쓰고 있다. 감수한 책으로는 『찾았다! 학교 주변의 생물(1~8권)』(각켄교육출판), 『세계의 아름다운 곤충』(파이인터네셔널), 『불가사의한 세계를 살펴보자! 깜짝 곤충 대도감』(다카하시쇼텐), 『세상에서 가장 멋진 곤충 교실』(산사이북스), 『수액 군의 귀욤귀욤 곤충 대백과』(지쓰교노니혼샤) 등이 있다.

그림 이즈모리 요

1971년 일본 도쿄도 출생. 생물이라면 무엇이든 그리는 일러스트레이터이다. 신슈 대학 이학부 생물학과를 졸업한 뒤, 출판사 근무를 거쳐 현재는 프리랜서로 일하고 있다. 특징을 정확하게 포착한 귀여운 묘사가 특기이다.

한국어판 감수 남상호

고려대학교 한국곤충연구소 연구원 및 연구교수를 거쳐, 현재 대전대학교 생명과학과 교수로 있다.
학회 활동으로 한국곤충학회 회장, 한국생태학회 회장, 한국생물과학협회 회장을 역임하였고, 현재 한국반딧불이 연구회 회장을 맡고 있다.
그동안 100여 편의 곤충 분야 논문을 발표했으며, 펴낸 책으로는 『한국동식물도감 – 곤충편Ⅷ, Ⅸ』『원색도감 한국의 곤충』『한국곤충생태도감 Ⅴ』『한국의 나비』등이 있다.

옮김 곽범신

대학에서 일어일문학을 전공한 후, 취업 준비를 위해 찾은 도서관에서 일본 미스터리 소설을 접하며 뒤늦게 번역가라는 꿈을 품게 되었다. '겸허하되 주눅 들지 않는, 과감하되 자만하지 않는 번역가'라는 목표를 향해 오늘도 노력하며, 독자들에게 좋은 책을 소개하고자 힘쓰고 있다. 현재는 바른번역 소속 번역가로 활동 중이다. 옮긴 책으로는 『돈의 세계사』『이유가 있어서 멸종했습니다』『지구인들을 위한 진리 탐구』『머릿속에 쏙쏙! 원소 노트』『인간은 왜 아픈 걸까』 등이 있다.

일러두기

- 본문에 나온 개체수는 65종이고, 토막상식과 '곤충은 어마무시해' 4컷 만화에 나와 있는 개체수를 모두 합치면 151종이 수록되어 있습니다.
- 그 중 앉은뱅이, 무당거미, 공벌레, 달팽이는 곤충은 아니지만, 흔히들 곤충으로 알고 있어서 함께 수록했습니다.

어마어마하고 무시무시한 곤충도감

스다 겐지 감수 | 이즈모리 요 그림 | 남상호 한국어판 감수 | 곽범신 옮김

위즈덤하우스

시작하며

지구에는 다양한 동물이 살고 있습니다. 포유류, 조류, 파충류, 양서류, 어류, 그리고 곤충류… 모든 동물의 종류를 합치면 130만 종이 넘는다고 합니다. 그중에서 곤충은 약 100만 종으로, 지구에 서식하는 모든 동물 중 무려 4분의 3을 차지하고 있습니다.

다만, 이 100만 종은 어디까지나 과학자나 연구자들에게 정식으로 확인을 받아 이름이 붙여진 숫자입니다. 현재는 해마다 약 3000여종의 신종 곤충이 꾸준히 발견되고 있습니다. 확인되지 않은 종을 포함한다면 지구에 서식하는 곤충의 종류는 무려 수백만, 혹은 수천만 종이 될지도 모릅니다.

약 4억 년 전에 탄생한 곤충은 살아남기 위해 적응과 진화를 되풀이하며 다양한 능력과 재주를 손에 넣었습니다. 인간의 눈에는 덩치가 작은 곤충들이 하찮은 존재처럼 보일지 모르지만 곤충은 인간의 상상을 뛰어넘는 깜짝 놀랄 만한 능력을 갖추고 있습니다.

이 책에서는 그런 작은 몸에 숨겨진 '곤충의 어마어마하고 무시무시한 생활 방식'에 대해 소개합니다. 이 책을 통해 곤충들에게 흥미를 가질 수 있길 바랍니다.

스다 겐지
무사시노 자연사연구회 대표

곤충은 어마어마하고 무시무시할 정도로 굉장합니다

지구는 곤충들의 차지!?

곤충의 어마어마하고 무시무시한 점이라면 역시나 그 '역사'입니다!

곤충이 탄생한 때는 지금으로부터 약 4억 년 전입니다.

인류의 탄생보다도, 공룡이 살던 시절보다도 훨씬 오래 전,

지구에서 가장 먼저 육상 생활을 시작한 동물이 바로 곤충입니다.

그 기나긴 세월 동안 이런저런 동물이 번성하고 멸종했지만

곤충들은 진화를 통해 모습을 바꾸며 다양한 장소에서 살아남았어요.

그리고 현재, 지구의 모든 생물 중 4분의 3은 곤충입니다.

곤충이 작아서 약하다고요?

천만의 말씀! 사실 지구에서 가장 강한 생물이랍니다.

곤충 탄생

공룡 탄생

선캄브리아대	고생대						
	캄브리아기 ~5.1억 년 전	오르도비스기 ~4.4억 년 전	실루리아기	데본기	석탄기	이첩기	삼첩기 ~2.9억 년 전

지구에 서식하는 숫자의 비율

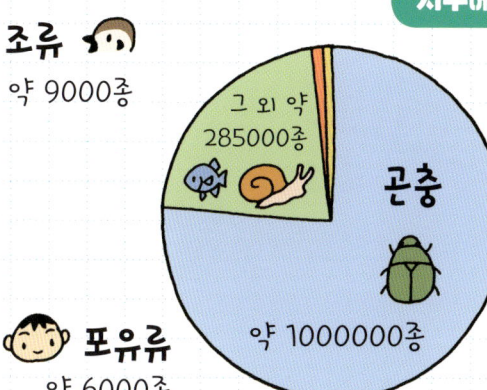

조류 약 9000종

그 외 약 285000종

곤충 약 1000000종

포유류 약 6000종

지구상의 생물 중 약 4분의 3이 곤충!

종류

100만 종 + 해마다 새로운 종이 발견된다!

역사

공룡 멸종

인류 탄생

중생대		신생대	
쥐라기	백악기	신제삼기 ~0.6억년	제사기

만약 곤충이 없었다면?

만약 지구에서 곤충이 사라진다면… 그것도 무시무시한 일입니다!
식물은 싹을 틔우지 못하고, 동물은 먹이가 사라지고,
낙엽이나 나무가 분해되지 못해 숲은 죽음의 산으로 변하죠.
그런 환경에서는 인간도 살아갈 수 없습니다.
식물, 동물, 지금 지상에서 살아가는 모든 생명은
곤충과 함께 나고 자라온
존재들입니다.
이미 곤충 없이는
살아갈 수 없어요.

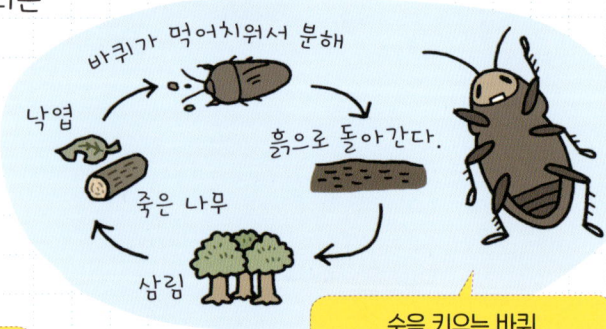

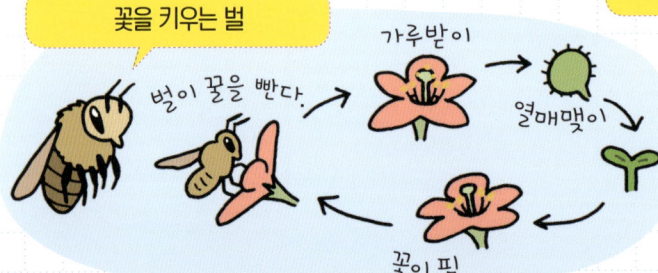

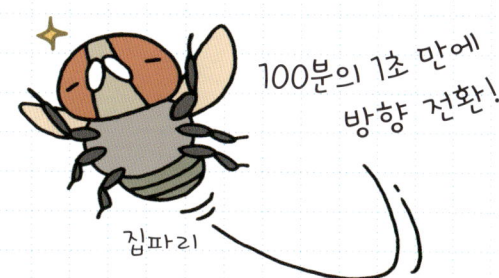

곤충의 놀라운 능력

곤충은 오랜 시간에 걸쳐 진화해 왔습니다.
그 작은 몸에는 엄청난 능력이 깃들어 있어요.
예를 들어 자신의 몸 안에서
100℃의 유독 가스를 만들어 내는 폭탄먼지벌레,
몸길이보다 거의 20배는 높이 뛰어오르는 메뚜기,
상상을 초월한 반사 신경과 비행 능력을 지닌 파리.
인간은 도저히 흉내 낼 수 없는 재주를
곤충은 자신의 몸 하나로
거뜬히 해냅니다.

'변신'이 따로 없네!
의외로 알려지지 않은 성장 방식

곤충의 신체 구조

- 머리뿔
- 더듬이
- 가슴뿔
- 앞다리
- 가운뎃다리
- 앞날개
- 뒷날개
- 뒷다리

머리 / 가슴 / 배

곤충이란?

한 마디로 곤충이라 표현하지만 그 종류는 점점 늘어나, 지금은 100만 종이 넘습니다.

우리들은 곤충이 아니에요

 거미
 공벌레
 달팽이

생김새도 살아가는 방식도 제각각입니다.

그럼 어떤 동물을 곤충이라고 부를까요?

곤충의 조건은 주로 3가지입니다.

1. 단단한 골격이 몸 바깥쪽을 덮고 있을 것
2. 몸이 머리, 가슴, 배의 3부분으로 나뉘어 있을 것
3. 가슴에 6개의 다리와 4장의 날개가 있을 것
   (날개에 관해서는 예외가 있음)

대부분의 곤충은 하늘을 날아서 멀리까지 이동할 수 있습니다.
그 덕분에 이토록 종류가 늘어난 것입니다.

곤충이 성장하는 방식

곤충에게는 잊어서는 안 될 놀라운 능력이 있으니, 바로 애벌레에서 어른벌레가 될 때 전혀 다른 모습으로 바뀌는 '변태'라는 엄청난 재주입니다. 알을 깨고 나온 애벌레는 하염없이 먹고 먹으며 영양분을 저장합니다.

그리고 번데기라는 옷을 지어서 자신의 몸을 대담하게 뜯어고칩니다. 어른벌레라는 모습으로 딴 사람, 아니 딴 곤충처럼 변하는 것인데, 이와 같이 4단계를 거치는 성장 방식을 '완전변태'라고 합니다.

그 외에 번데기를 거치지 않는 '불완전변태'와 모습을 거의 바꾸지 않는 '무변태' 곤충도 있지만 무려 80퍼센트에 가까운 곤충이 완전변태를 합니다. 애벌레일 때는 성장에, 어른벌레일 때는 짝짓기와 산란에 전념하여 살아남는 데 성공합니다.

완전변태

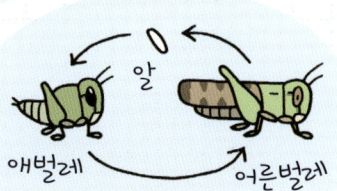

무변태

불완전변태

11

생존의 비법!? 인간은 곤충에게서 무엇을 배울 수 있을까?

사마귀의 알은 **약 250개**

어른벌레가 될 수 있는 건 겨우 몇 마리!?

모두 유전자를 남기기 위해

온갖 생물이 살아가는 목적은 단 하나,
자신의 자손을 남기는 것입니다.
수컷은 경쟁자들과 암컷을 둘러싼 다툼을 벌이고,
구애와 짝짓기에 목숨을 겁니다.
암컷은 수컷을 선택해 목숨을 걸고 수많은 알을 낳습니다.
간신히 만난 배우자와 짝짓기를 하고
수많은 알을 낳았다 하더라도 어른벌레가 될 수 있는 것은
겨우 몇 마리 될까 말까 한 정도입니다.
자연에서 살아남기란 대체 얼마나 어려운 일일까요?

밑들이
선물로 유혹하자!

꽉 붙잡아!

유전자를 남기기 위해 애쓰는 수컷들

섬서구메뚜기

달팽이 껍질의 구조를 건물 외벽에 응용

모기의 주둥이를 본따 개발된 아프지 않은 주사

곤충이 살아가는 모습에서 느껴지는 점은 무엇일까?

탁월한 생존 기술을 지닌 곤충 선배의 눈으로 본다면
인간은 아직 애벌레, 아니 알이나 마찬가지입니다.
이 책에서는 다양한 곤충이 살아가는 방식을 소개하고 있습니다만,
사람과 비슷한 행동을 한다는 사실에 어쩌면 놀라실지도 모르겠네요.
하지만 실은 반대입니다. 이미 아주 오래전부터 곤충이 해온 일을
우리가 따라 하는 데 불과합니다.
새삼 숨길 일도 아닙니다. 곤충의 능력을 힌트 삼아
날마다 다양한 상품이 개발되고 있으니까요.

놀라움과 감동 그리고 살아남기 위한 힌트까지 알려주는
곤충들의 어마어마하고 무시무시할 정도로 굉장한 곤충도감,
시작하겠습니다.

시작할게~!

차례

시작하며 · 4
곤충은 어마어마하고 무시무시할 정도로 굉장합니다. · 6
무서워? 징그러워? 그런 말은 곤충이 얼마나 대단한지 알고나 하세요! · 8
'변신'이 따로 없네! 의외로 알려지지 않은 성장 방식 · 10
생존의 비법!? 인간은 곤충에게서 무엇을 배울 수 있을까? · 12

1 어마어마하고 무시무시한 공격 방법!

상냥하지만 힘이 센 곤충계의 천하장사 22
— 헤라클레스장수투구벌레

긴 다리로 싸우는 칠전팔기의 종합격투기 선수 24
— 코카서스투구장수풍뎅이

큰턱으로 꽉 붙잡아 천천히 쓰러뜨린다고 26
— 넓적사슴벌레

덩치는 2인자지만 사납기로는 1인자 28
— 장대뿔쌍집게사슴벌레

큰턱 대결이라면 지지 않아! 하늘소계의 챔피언 30
— 가위톱장수하늘소

로켓의 원리로 100°C의 방귀를 선사한다! 32
— 폭탄먼지벌레

 태어나서 죽을 때까지 독털을 재활용합니다 34
— 흰독나방

 적을 찜통에 가둔다고!? 팀플레이의 승리 36
— 재래꿀벌

 강력한 턱과 독침으로 인간마저 쓰러뜨리는 최강의 엄마 38
— 장수말벌

 곤충계 최고의 비행술을 지닌 육식 사냥꾼 40
— 장수잠자리

 가만히 숨어서 강력한 낫으로 한번에 낚아채는 전략가 42
— 왕사마귀

 냄새가 지독하고 맛이 없어서 싸우지 않고도 거뜬히 이긴다 44
— 광대노린재

 뾰족한 빨대로 푹 찌른다고! 46
— 왕침노린재

 단숨에 불어나서 단체로 공격! 아무도 막을 수 없는 침략자 48
— 붉은불개미

 모래 뿌리기 공격으로 개미를 80마리나 잡아먹는다고 50
— 개미귀신

 굵은 다리는 싸우기 위한 무기야! 52
— 수중다리왕잎벌레

 뾰족뾰족하고 커다란 몸으로 물구나무를 서서 싸우는 54
— 몸큰녹색대벌레

 56

2 어마어마하고 무시무시한 생활 방식!

 특제 산소통으로 물속을 차지한다! 58
— 물방개

 다정한 아빠지만 알고 보면 야성적인 사냥꾼 60
— 물장군

 요람 속에서 어른이 되는 숲속의 공주님 62
— 거위벌레

 집이 너무 편안해서 못 나가겠어요 64
— 남방차주머니나방(암컷)

 다른 곤충에 무임승차해서 미스터리 투어를 떠나보자! 66
— 앉은뱅이

 사람 손에 길러진 지 5000년, 이제 사람 없이는 살 수 없어 68
— 누에나방

 5밀리미터의 몸으로 4미터나 되는 집에서 지내는 70
— 짱구개미

 미움을 받고 깨물리면서도 개미집에 눌러 앉는 지독한 녀석 72
— 담흙부전나비(애벌레)

 생애 한 번뿐인 여름은 피서지에서 쾌적하게 74
— 고추좀잠자리

 새끼가 아니라 남편을 어부바 76
— 섬서구메뚜기

 뭐 하러 숨어요? 상식을 깨는 더부살이 전문가 78
— 매미기생나방(애벌레)

 암컷에게 선물을 바쳐온 지 어언 수억 년… 80
— 참밑들이

식물에 기생해서 아늑한 보금자리를 장만해요 82
— 조롱나무잎진딧물

 벌과의 만남에 운명을 배팅하는 도박사 84
— 남가뢰

 거대한 함정 저택에서 수컷은 얹혀사는 신세 86
— 무당거미

 튀고 싶은 건지 숨고 싶은 건지 저도 잘 모르겠어요! 88
— 푸른큰수리팔랑나비(애벌레)

 90

3 어마어마하고 무시무시한 신체 구조

 악어와 판박이? 기발하기로는 넘버원 곤충 92
— 악어머리뿔매미

 몸의 40퍼센트는 울기 위한 장비 94
— 유지매미

 작아서 눈에 띄지 않지만 나도 풍뎅이라고요 96
— 외뿔장수풍뎅이

 반짝반짝☆영원히 사라지지 않는 광채! 98
— 비단벌레

 똥을 좋아하는 지역 아이돌 100
— 보라금풍뎅이

 반짝이는 불빛으로 사랑의 메시지를 보낸다 102
— 겐지반딧불이

17

 완벽하게 나뭇잎으로 변신하는 데 성공했어요 **104**
— 큰나뭇잎벌레

 바나나가 아니라 곤충이라고요 **106**
— 끝검은말매미충

 개성 넘치는 뿔이 3000가지나!? 수수께끼로 가득한 곤충 **108**
— 뿔매미

 친구들과 함께할 때는 야성적으로 변하지! **110**
— 풀무치

 여차 하면 다리 정도는 희생해야죠 **112**
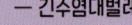 — 긴수염대벌레

 특수한 능력으로 천재지변을 극복해온 대선배 **114**
— 먹바퀴

 우리 임금님과 여왕님은 오래 살기로 유명해요 **116**
— 흰개미

 놀라운 재주! 자랑스러운 다리로 물 위를 획획 **118**
— 소금쟁이

 다른 곤충과는 조금 달라, 왜냐하면 갑각류거든 **120**
— 공벌레

 몸을 동그랗게 마는 방식이 그야말로 변신 로봇 **122**
— 동글풍뎅이

 눈을 깜빡이는 속도보다 빠르게 방향을 바꿀 수 있어요 **124**
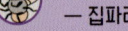 — 집파리

 푸른 광채를 내뿜는 세상에서 가장 아름다운 나비 **126**
— 디디우스모르포나비

 살아 있을 때만 반짝거려요 **128**
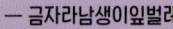 — 금자라남생이잎벌레

 코끼리에게 밟혀도 끄떡없지! 세계에서 가장 단단한 곤충 **130**
— 별박이보석바구미

 날개는 날기 위해서가 아니라 소리를 내기 위해 있는 거예요 **132**
— 방울벌레

  134

4 어마어마하고 무시무시한 먹이 종류!

1만 개의 치설로 콘크리트에서 영양 보충을 136
— 달팽이

달팽이를 먹으려고 날씬해졌어요 138
— 곤봉딱정벌레

밥만 먹었는데 사람들이 고마워하네 140
— 칠성무당벌레

일부러 독을 먹어서 몸 안에 저장하는 무서운 녀석 142
— 제왕비단나비

수액이든 똥이든 잘 먹어요! 알고 보면 야무진 나비 144
— 왕오색나비

사슴벌레지만 수액보다 녹즙을 더 좋아해 146
— 아돌피네뿔솟은사슴벌레
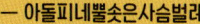

똥에서 태어나 똥을 먹고 똥을 굴린다 148
— 왕소똥구리
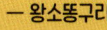

산란기에는 사람의 피를 빨아 에너지를 보충! 150
— 흰줄숲모기

커다란 둥지 안에서 열심히 버섯 농사를 지어요 152
— 잎꾼개미

꿀을 주는 깍지벌레를 길러요 154
— 깍지개미

어쩌면 플라스틱까지 먹어치울지도? 156
— 꿀벌부채명나방(애벌레)

   158

주요 참고 자료 · 159

추천의 글 · 160

색인 · 162

이 책을 보는 방법

① 곤충이 얼마나 어마어마하고 무시무시한지 소개하는 제목

② 곤충이 얼마나 어마어마하고 무시무시한지 알려주는 이야기

③ 토막상식
곤충에 관한 이런저런 상식과 곤충에 대해 좀 더 자세히 알려준 이야기

④ 정보
곤충의 분류, 크기, 서식지, 곤충의 전체적인 생김새

⑤ 어마무시 등급
곤충이 지닌 어마어마하고 무시무시한 힘, 속도, 기술, 방어력을 알려주는 도표

합계 점수	평가
1~9점	살짝 어마어마하고 무시무시해
10~14점	꽤나 어마어마하고 무시무시해
15~20점	완전 어마어마하고 무시무시해

몸의 크기를 나타내는 방법

곤충의 크기는 아래에 나와 있는 부분을 측정한 일반적인 크기입니다.

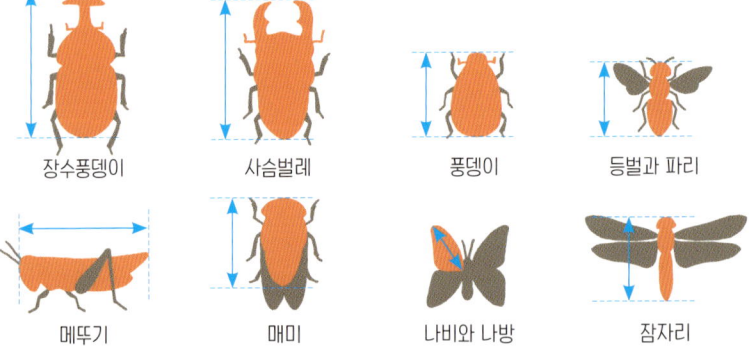

※ 본문에서는 '어마어마하고 무시무시한'이 '어마무시한'으로 표현됩니다.

1

어마어마하고 무시무시한 공격 방법!

몸에 지닌 자신만의 무기로 적을 물리치는 곤충들. 곤충 세계에서도 '저 녀석들, 장난 아냐~'라고 소문이 났을 법한 싸움꾼들이 모두 모였다.

곤충들의 싸움에서는 덩치가 큰 녀석이 승리의 기쁨을 누린다. 풍뎅이 중에서 세계 최대, 아니, 딱정벌레 무리 중에서도 세계 최대급이라 불리는 헤라클레스장수투구벌레는 곤충 세계의 천하장사와도 같은 녀석이다.
그런 헤라클레스장수투구벌레의 가장 큰 무기는 수컷이 지닌 뿔이다. 뿔에는 다양한 형태가 있지만 헤라클레스라 하면 일인자를 몸으로 표현하는 듯한 길게 뻗은 굵직한 뿔이 특징이다. 공격 범위가 넓기 때문에 상대방의 공격을 아랑곳하지 않고 **긴 뿔로 붙잡아 힘차게 날려버린다.**

💡 토막상식

헤라클레스장수투구벌레라 하면 황록색 앞날개가 특징이지만 사실 이 색깔은 습도에 따라 달라져. 건조하면 노르스름하게, 습도가 높으면 거무스름하게 변해. 또한 앞날개가 푸르스름한 블루헤라클레스는 돌연변이이기 때문에 태어날 확률은 아주 낮지만 살을 태우듯이 자외선을 쬐어서 인공적으로 만들 수도 있단다.

하지만 결코 싸움을 즐기지는 않는다. 굳이 말하자면 온순한 편이어서 평소에는 점잖게 있다가 싸워야 할 일이 벌어지면 결투에 응한다. 비유하자면 마음씨 착한 씨름 선수라고나 할까? 이 여유로운 모습이 제왕의 품격일지도 모른다.

정보

- 분류: 딱정벌레목 풍뎅이과
- 크기: 120~150mm
- 서식지: 중앙아메리카~남아메리카 중부

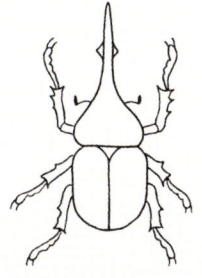

어마무시 등급

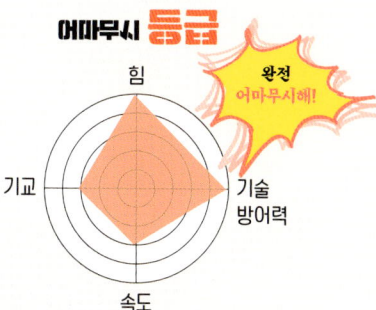

완전 어마무시해!

힘 / 기교 / 기술 방어력 / 속도

긴 다리로 싸우는 칠전팔기의 종합격투기 선수

공격 방법이 어마무시해!

으랏차차!

내 이름은 코카서스투구장수풍뎅이야

헤라클레스장수투구벌레(22쪽)가 씨름 선수라면 코카서스투구장수풍뎅이는 프로레슬링 선수라고 생각하면 된다. **성미가 사납기로는 장수풍뎅이 중에서도 넘버원**으로, 누가 만지기라도 하면 거칠게 콧김, 아니 뱃김을 내뿜으며 덤벼든다(장수풍뎅이의 호흡기관은 배에 있기 때문에 흥분했을 때는 배에서 슉슉 소리가 난다). 뿔 하나로 정면승부를 거는 헤라클레스장수투구벌레와 달리 코카서스투구장수풍뎅이는 자랑스러운 긴 다리를 이용해 온갖

정보

- **분류** 딱정벌레목 풍뎅이과
- **크기** 64~130mm
- **서식지** 인도차이나 반도, 말레이 반도, 수마트라섬, 자바섬

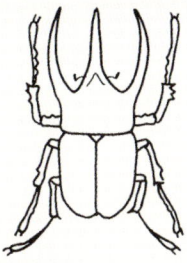

 등급

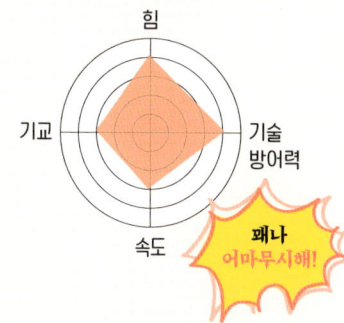

패나 어마무시해!

앗… 뿔은 어쩌고…?

💡 토막상식

당당한 헤라클레스장수투구벌레와 사나운 코카서스투구장수풍뎅이. 이처럼 성격에 차이가 나는 이유는 지역성 때문이야. 헤라클레스장수투구벌레가 사는 남미에는 대형 장수풍뎅이가 별로 없어서 경쟁 상대가 적은 반면, 코카서스투구장수풍뎅이의 서식지인 동남아시아는 적이 많아 싸우지 않으면 살아남기 어려운 환경이기 때문에 성격이 거칠어졌어.

방법으로 공격해오는 종합격투기 스타일을 보여준다.

다리에 돋아난 뾰족한 발톱으로 상대방을 할퀴고, 제압하고, 집어던진다. **예를 들어 몸이 번쩍 들려 불리한 상황에서도 긴 다리로 상대방을 끈질기게 붙들고 늘어진다.** 이런 꺾일 줄 모르는 투쟁심 때문에 '세계 최강의 장수풍뎅이'라고 불린다.

사슴벌레 중에서도 최대급의 크기이면서 거친 성미까지 겸비한 강자다. 넓적사슴벌레는 격렬한 생존 경쟁이 펼쳐지는 동남아시아에서 살아남은 사슴벌레이니 그럴 만도 하다. 난폭한 성미는 최강의 장수풍뎅이라고 불리는 코카서스투구장수풍뎅이(24쪽)에게 뒤지지 않는다.

사슴벌레라 하면 큰턱을 이용한 공격이 특징인데, **넓적사슴벌레가 무는 힘은 사슴벌레 세계에서도 최강 수준이다.** 게다가 한번 물면 좀처럼 놔주지 않는다. **톱 같은 이빨로 서서히 옥죄는 것이 넓적사슴벌레의 싸움 방식이다.**

말을 듣지 않는다면 암컷까지도 가차 없이 공격하는 사슴벌레지만 이 또한 살아남아서 더욱 훌륭한 자손을 남기기 위해 몸에 익힌 습성이다. 그저 무슨 수를 써서라도 살아남으려는 것이다.

토막상식

사슴벌레와 장수풍뎅이는 겉모습만 보면 무척 닮았지만 각자 무기가 만들어진 과정은 달라. 사슴벌레 수컷이 지닌 큰턱은 입의 일부가 발달한 거야. 한편 장수풍뎅이 수컷이 지닌 뿔은 피부의 일부가 발달한 거지. 모두 먹이가 많은 곳이나 암컷을 둘러싼 수컷들의 싸움에 사용하기 위해 전투용 무기로 발달했을 거라고 생각돼.

정보

- 분류: 딱정벌레목 사슴벌레과
- 크기: 23~110mm
- 서식지: 한국, 일본, 중국, 동남아시아

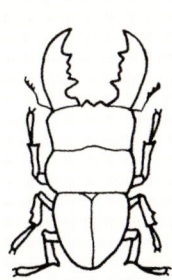

어마무시 등급

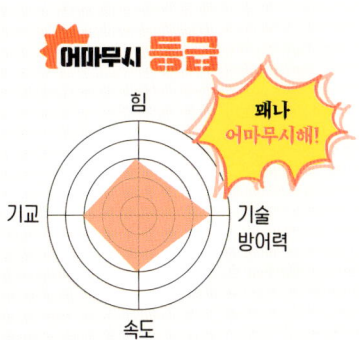

패나 어마무시해!

전 세계에 1500여 종이 넘는다는 사슴벌레 중에서 가장 큰 녀석은 바로 동남아시아에서 서식하는 기라파톱사슴벌레다. 그리고 크기로는 2인자 자리에 만족하면서도 '투쟁심이라면 1인자'라는 듯 공격성을 발휘하는 곤충이 바로 장대뿔쌍집게사슴벌레다.

아래쪽으로 호를 그리듯 뻗어 나온 큰턱은 사슴벌레 중에서도 격이 다른 크기를 자랑하는데, 끄트머리가 두 갈래로 갈라진 종류가 많다는 점이 특징이다. **큰턱의 무는 힘은 어찌나 강한지 펜치에 꽉 꼬집힌 것처럼 아프다고 한다.** 그야말로 투쟁심과 힘을 겸비한 숨은 강자와도 같은 존재다.

참고로 강한 건 수컷뿐만이 아니다. 암컷도 작지만 강인한 큰턱을 지니고 있어, 물리면 수컷보다 아플 때도 있다.

토막상식

기라파톱사슴벌레는 사슴벌레 세계에서 가장 큰 종이야. '기라파'란 라틴어로 기린을 가리키는데, 기린의 목처럼 긴 큰턱을 지니고 있다는 점이 특징이지. 물결치는 것처럼 생긴 멋들어진 큰턱이지만 다른 대형 사슴벌레와 비교하면 무는 힘은 그렇게까지 강하지는 않은 듯 해. 성미는 사납지만 싸움에는 썩 재주가 없단다.

정보

- 분류: 딱정벌레목 사슴벌레과
- 크기: 49~116mm
- 서식지: 보르네오섬, 수마트라섬

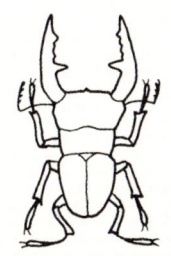

어마무시 등급

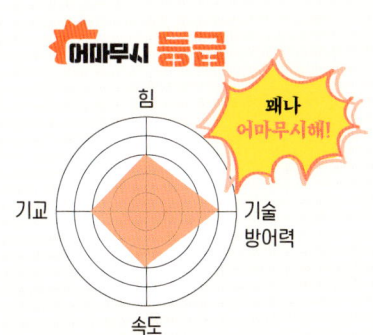

꽤나 어마무시해!

힘 / 기술 / 방어력 / 속도 / 기교

큰턱 대결이라면 지지 않아! 하늘소계의 챔피언

공격 방법이 어마무시해!

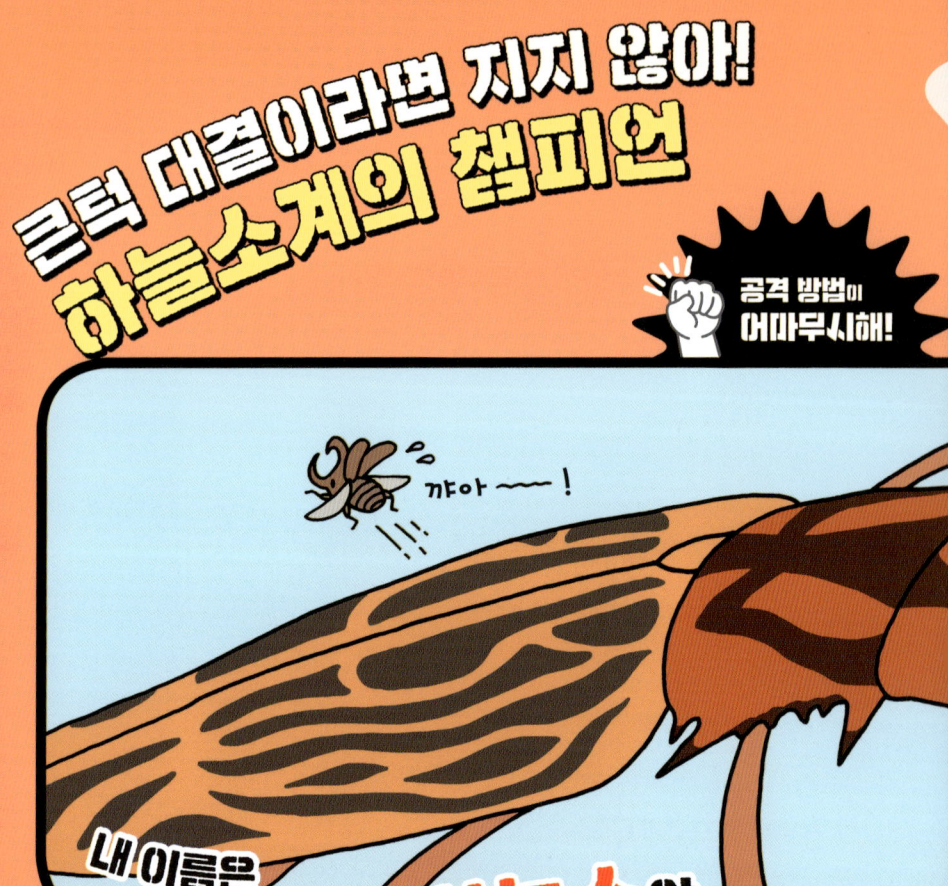

까아~~!

내 이름은 **가위톱장수하늘소**야

긴 더듬이가 상징인 하늘소지만 종류가 많기로는 곤충 세계에서도 최고 수준이다. 확인된 종만 해도 전 세계에 약 2만 5000여 종으로, 그 생김새나 특징은 그야말로 가지각색이다.

그런 하늘소 중에서도 **큰턱이 사슴벌레처럼 발달한** 곤충이 바로 남아메리카의 아마존에 서식하는 가위톱장수하늘소다.

본래 일본어로 하늘소를 뜻하는 말인 '가미키리무시'는 '머리카락(가미)을 자

정보

- 분류   딱정벌레목 하늘소과
- 크기   최대 160mm
- 서식지   남아메리카 아마존

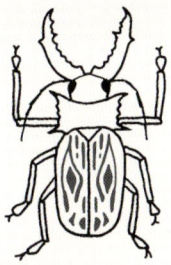

 등급

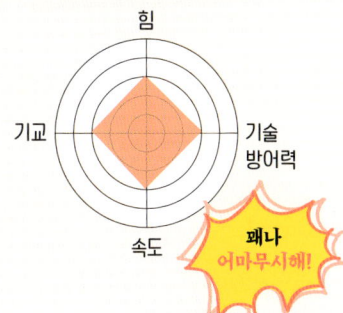

힘 / 기술 / 방어력 / 속도 / 기교

꽤나 어마무시해!

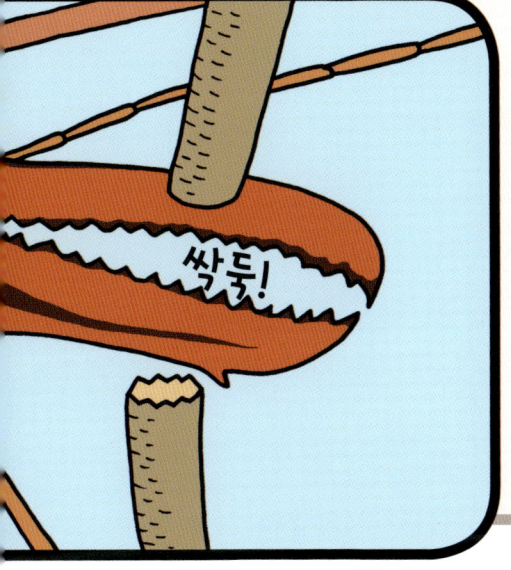

💡 토막상식

세계 최대의 하늘소는 성인 남성의 손바닥만큼 커다란 타이탄하늘소(세계에서 두 번째로 큰 녀석이 바로 가위톱장수하늘소)야. 몸길이는 200밀리미터에 달하고, 애벌레는 더욱 커서 약 250밀리미터나 돼. 또한 남미에 서식하는 롱기마누스 앞장다리하늘소의 앞다리는 약 140밀리미터로, 몸길이의 두 배에 가까운 길이야.

르는(키루) 벌레(무시)'에서 따온 이름으로, 머리카락이 잘릴 정도로 예리한 턱을 지녔다는 점이 특징이지만, 가위톱장수하늘소의 큰턱은 비교할 상대를 찾아보기 어려울 만큼 커다랗다. 지름이 2센티미터 정도인 나뭇가지까지 잘라버리고, **다가오는 것이 있으면 큰턱을 휘둘러 위협한다.** 하지만 어째서 큰턱이 발달했는지는 사실 알려지지 않았다. 서식하는 수가 적기 때문에 아직 밝히지 못했다. 이처럼 생태계는 수수께끼로 가득 차 있다.

로켓의 원리로 100℃의 방귀를 선사한다!

공격 방법이 어마무시해!

내 이름은 폭탄먼지벌레야

야행성이라 낮에는 찾아보기 힘든 폭탄먼지벌레는 밤이 되어야 땅 위를 돌아다닌다. 몸길이는 20밀리미터가 채 안 되는 작은 곤충이지만 **몸 안에는 엄청난 힘이 감춰져 있다. 그 힘은 바로 '방귀 공격'이다.**

단순히 구린내가 나는 방귀에서 그치지 않는다. **이 방귀의 굉장한 점은 100℃가 넘는 고온으로 분사된다는 사실이다.** 몸 안에 저장된 2종류의 물질을 순식간에 섞어 화학반응을 일으켜서 내뿜는다. 이 분사 시스템은

정보

- **분류** 딱정벌레목 폭탄먼지벌레과
- **크기** 11~18mm
- **서식지** 한국, 중국, 일본

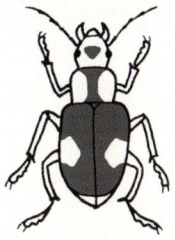

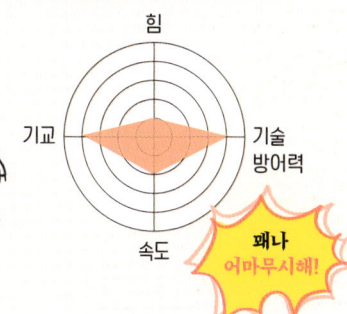

꽤나 어마무시해!

앗, 뜨거!

💡 토막상식

폭탄먼지벌레처럼 몸 안에 독을 지닌 곤충은 무척 많지만 대부분 먼저 공격하지 않는 한 해를 끼치지 않아. 체액에 독이 함유된 곤충으로 유명한 하늘소붙이는 단순히 손에 얹어놓기만 하는 정도라면 보통은 먼저 공격하지 않거든. 하지만 눌러 죽였다가 체액이 살갗에 묻으면 피부염을 일으켜. 곤충을 관찰할 때는 자극하지 말고 상냥하게 대해 주자!

로켓의 발사 방식과 똑같다고 하니 놀라운 사실이 아닌가?
방귀 공격은 개구리 같은 적에게 공격받았을 때 사용하는 비장의 수단으로, 잡아먹힌 순간에 선보이는 기술이다. 고온의 가스에 입이나 위장을 자극당한 개구리는 웩 하고 폭탄먼지벌레를 토한다. 물론 일이 잘 풀렸을 때의 이야기다.

태어나서 죽을 때까지 독털을 재활용합니다

한국에 서식하는 약 3000여 종의 나방 중에서 독을 지닌 것은 약 40종이다. 그 대부분이 애벌레 시절에만 독을 품고 있지만 **흰독나방은 알 시절은 물론이고 어른벌레가 된 후에도 독침모라 불리는 독털을 꾸준히 몸에 두르고 있을 만큼 철저하다.** 먼저 공격할 마음이 없음에도 방어에 지나치게 몰두한 나머지 그냥 지나가던 사람에게까지 피해를 입히고 마는(정확히 말하자면 독침모에 닿으면 부기와 통증을 일으킨다), 조금은 성가신 곤충이다.

정보

- **분류** 나비목 독나방과
- **크기** 14~22mm
- **서식지** 한국, 일본, 중국, 아우르, 유럽

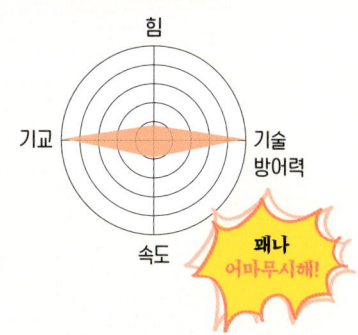

꽤나 어마무시해!

무기: 독침

어른벌레

Level 3 MAX.

나방
나비

💡 토막상식

나방과 나비의 차이는 뭘까? '나방은 대부분 밤에 활동하지만 나비는 주로 낮에 활동한다', '나방은 뾰족하거나 뾰족뾰족한 쐐기 모양처럼 생겼지만 나비의 더듬이 끝은 동그란 곤봉 모양', '나방은 대부분 갈색이지만 나비는 색깔이 다채롭다' 등의 특징이 있지만 사실 나방과 나비는 명확하게 구별되어 있지 않아. 모두 나비 무리란다.

다만 성장하는 시기는 애벌레 시절뿐이라서 독침모가 계속해서 자라나지는 않는다. 애벌레 때 자란 독침모를 번데기 시절에는 고치 주변에 둘러치고, 날개돋이를 한 어른벌레가 된 뒤에도 그 독침모를 몸에 붙인다. 그리고 알을 낳을 때는 알에도 붙인다. **어떻게든 독침모를 재활용하려는 모습이 기특하다.**

강력한 공격력을 가지고 있는 **말벌마저 궁지에 몰아 넣는 비장의 기술을 지닌 벌이 있다.** 바로 재래 꿀벌이다.

나무에 난 구멍 등에 집을 지어서 집단으로 생활하는 재래꿀벌은 산지 등에서 볼 수 있는 벌이다. 천적인 말벌에 비하면 각각의 공격력은 떨어지지만 무리를 지어 공격을 한다.

그 공격은 바로 '벌공벌떼 공격'이다. 재래꿀벌은 둥지를 습격한 말벌 한 마리를 **단체로 에워싼 다음, 날개나 근육을 진동시켜서 47°C에 가까운 열을 낸다.** 재래꿀벌이 견딜 수 있는 온도가 약 49°C인 데 반해 말벌은 약 45°C가 한계다. 열을 이용해 말벌을 물리치는 것이다. 하지만 이처럼 집단으로 적을 물리칠 수 있는 것은 재래꿀벌뿐이고, 서양꿀벌은 불가능하다.

토막상식

벌에도 다양한 종류가 있지만 사실 그중 대부분은 기생벌이야. 벌침은 다른 곤충의 몸에 알을 낳기 쉽게끔 산란관이 변화한 거야. 따라서 침은 암컷만 지니고 있어. 꿀벌이나 말벌같이 집단으로 생활하는 벌은 벌 무리 중에서도 똑똑한 무리야.

정보

- 분류 : 벌목 꿀벌과
- 크기 : 12~13mm(일벌)
- 서식지 : 한국, 일본, 중국

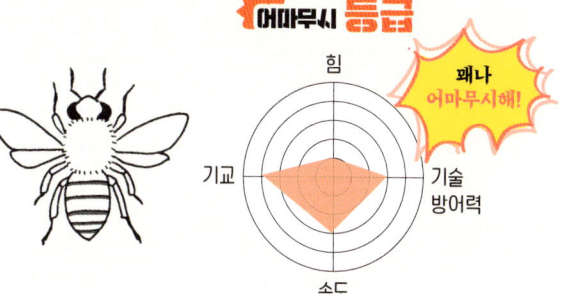

어마무시 등급 : 꽤나 어마무시해!
(힘, 기교, 속도, 방어력, 기술)

한국에서는 해마다 수십 명의 사람들이 말벌에 쏘여 목숨을 잃는다. 말벌이야말로 한국 사람들에게 가장 위험한 생물이다.

그중에서도 가장 큰 장수말벌은 강력한 턱과 무시무시한 독침을 지녔으며 사람한테도 겁 없이 달려들 만큼 공격성이 강한 벌이다. 최대이자 최강의 벌이지만 함부로 곤충이나 사람을 습격하지는 않는다.

곤충이나 다른 벌의 둥지를 습격하는 이유는 애벌레의 먹이를 확보하기 위해서다. 말벌은 붙잡은 곤충을 고기 경단으로 만들어 애벌레에게 먹인다. 한편 어른벌레는 애벌레가 토해 낸 액체를 양분으로 삼는다.

사람을 공격하는 행위 역시 자신을 지켜야 할 때나 둥지가 위기에 처했을 때뿐이다. **아이들이나 동료들을 위해 열심히 사냥을 하고 둥지를 지키는, 최강의 엄마라고 볼 수 있다.**

💡 토막상식

둥지를 짓는 장소는 말벌의 종류에 따라 달라. 처마 끝 같은 곳에 둥지를 짓는 말벌은 털보말벌이야. 장수말벌은 땅 속에 둥지를 짓기 때문에 발견하기 어렵다 보니 자기도 모르게 둥지에 접근했다가 공격을 받는 경우도 있어. 말벌이 턱으로 딱딱 소리를 내며 주위를 날아다니고 있다면 '더 이상 접근하지 마라'는 경고니까 조용히 자리를 뜨자.

정보

- **분류**: 벌목 말벌과
- **크기**: 27~37mm(일벌)
- **서식지**: 한국, 일본, 중국, 타이완, 스리랑카, 인도, 유럽

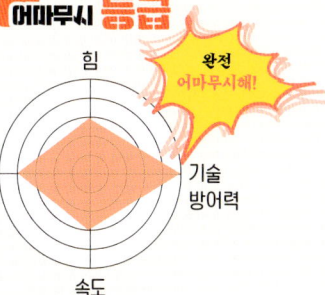

어마무시 등급 — 완전 어마무시해! / 힘, 기교, 기술 방어력, 속도

곤충계 최고의 비행술을 지닌 육식 사냥꾼

공격 방법이 어마무시해!

내 이름은 장수잠자리야

잠자리는 엄청난 비행 능력을 자랑하는 곤충이다. 속도는 물론, 네 장의 날개를 따로따로 움직일 수 있기 때문에 공중에서 멈추는 호버링, 급선회, 후진까지 할 수 있다.

그런 비행기술을 살린 공중 사냥이 특기인 곤충이 바로 장수잠자리다. 한국은 '잠자리 왕국'이라 불릴 만큼 다양한 종류의 잠자리가 있는데, 그중에서도 가장 큰 장수잠자리는 매미까지 와작와작 씹어 먹을 정도로 턱

정보

- 분류: 잠자리목, 부채장수잠자리과
- 크기: 95~100mm
- 서식지: 한국, 일본, 중국, 우수리

어마무시 등급

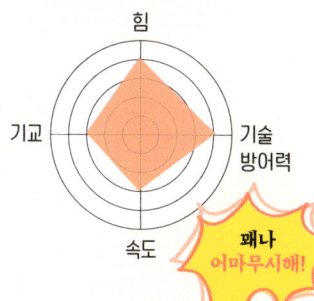

패나 어마무시해!

저승길 선물이야. ♥

💡 토막상식

공중을 자유자재로 날아다니는 장수잠자리지만 애벌레(수채) 시절은 물속에서 보내. 장수잠자리는 강 상류나 용수로처럼 얕은 물 바닥의 진흙 속에 알을 낳는데, 부화한 애벌레는 물 바닥에서 먹잇감을 기다리다 잡는단다. 애벌레는 직장 안에 작은 아가미가 잔뜩 달려 있기 때문에 계속 물속에서 지낼 수 있어. 물속에서 몇 년을 보낸 후, 날개돋이를 하여 하늘로 날아오르지.

힘도 세다.
자그마한 눈이 잔뜩 모인 겹눈은 시력이 낮은 대신에 움직이는 물체를 감지하는 능력이 탁월하다. **먹잇감을 발견하면 특기인 비행술로 붙잡아, 가시가 돋친 다리로 꽉 움켜쥔 채 날카로운 턱으로 콱 베어 문다.** 파리나 벌, 등에, 매미, 때로는 동족까지 잡아먹는 사나운 사냥꾼이다.

가만히 숨어서 강력한 낫으로 한번에 낚아채는 전략가

공격 방법이 어마무시해!

번뜩

꾸꾸꾸.

내 이름은
왕사마귀야

낫처럼 생긴 앞다리에 삼각형의 날렵한 얼굴, '언제나 전투 중'이란 느낌을 주는 **거친 인상의 사마귀이지만 알고 보면 치밀한 전략가다.** 육식성이기 때문에 사냥을 하지만 먼저 먹잇감을 추적하지는 않는다.

사마귀는 잠복하는 스타일이라서 **수풀 뒤에 몸을 숨긴 채 아무도 모르게 다가가 먹잇감을 앞다리로 단숨에 낚아챈다.**

몸집이 가장 큰 왕사마귀는 앞다리의 위력도 강력해서 도마뱀을 공격하는 일도 있다.

참고로 왕사마귀는 한 번의 산란으로 '알집'이라는 거품 안에 약 250개나 되는 알을 낳지만, 부화하여 알집을 벗어난 시점에서 절반가량은 다른 곤충 따위에게 잡아먹히고 만다. 여기서 어른벌레가 될 수 있는 개체는 겨우 몇 마리뿐이다. 우리가 보는 사마귀는 가혹한 생존경쟁에서 살아남은 기적의 사마귀다.

토막상식

사실 사마귀와 바퀴는 무척 가까운 종으로, 친척과도 같은 사이야. 현재 곤충의 분류상으로는 사마귀목, 바퀴목으로 나뉘어 있지만 사마귀가 바퀴 류에서 진화한 곤충이라는 사실은 확실해. 몸이 납작하다거나 잘 날지 못한다는 점, 알집을 만든다는 점 등의 공통점이 엿보여.

정보

- 분류: 사마귀목 사마귀과
- 크기: 70~90mm
- 서식지: 한국, 일본, 중국, 타이완, 동남아시아

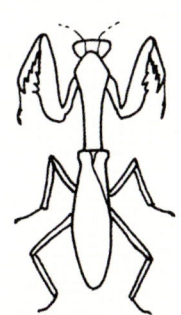

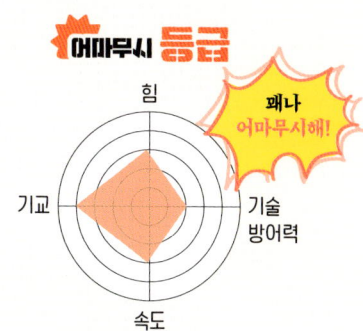

어마무시 등급

패나 어마무시해!

힘 / 기술 방어력 / 속도 / 기교

냄새가 지독하고 맛이 없어서 싸우지 않고도 거뜬히 이긴다

공격 방법이 어마무시해!

얼굴무늬 광대노린재
홍줄 광대노린재

경고!

내 이름은 광대노린재야

싸우지 않고 이긴다. 자연계에서는 그런 곤충이 최강일지도 모른다. 광대노린재는 덩치도 작고 싸우기 위한 무기도 보이지 않는다. 하지만 광대노린재목 무리는 전 세계에 약 8만 2000여종, 한국에는 약 1000여종이 서식할 만큼 자연계에서 위세를 떨치는 성공한 곤충이다. 불완전변태(11쪽)를 하는 곤충 중에서는 비교할 상대가 없을 정도로 많다.

성공의 비결 중 하나로 냄새를 꼽을 수 있다. **광대노린재는 적을 만나면**

정보

- 분류: 노린재목 광대노린재과
- 크기: 16~20mm
- 서식지: 한국, 일본, 중국, 타이완, 자바섬

※ 정보는 광대노린재

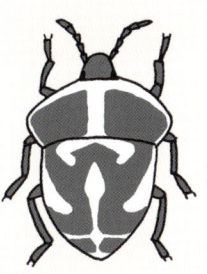

어마무시 등급

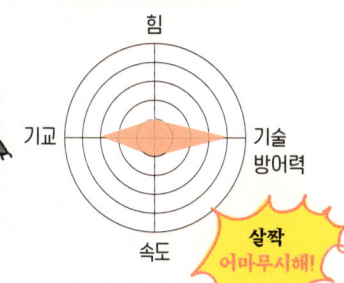

힘 / 기술 / 방어력 / 속도 / 기교

살짝 어마무시해!

광대 광대노린재
에사키뿔 광대노린재
구린내 발사!

💡 토막상식

광대노린재와 마찬가지로 냄새를 이용해 적을 물리치는 곤충은 제법 많은데, 호랑나비류의 애벌레도 그중 하나야. 적으로부터 공격을 받으면 머리와 가슴 사이에서 '냄새뿔'이라 불리는 지독한 냄새가 나는 뿔을 꺼내 적을 쫓아내고자 한단다. 몸의 색과는 다르게 냄새뿔이 눈에 잘 띄는 색깔인 것은 시각적으로도 적을 놀라게 한다는 의미가 있지 않을까?

냄새샘이라는 기관에서 고약한 냄새를 내뿜는다. 단순한 구린내일 뿐이지만 이 냄새가 아주 지독하다. 그래서 광대노린재를 먹은 곤충이나 새는 "으악! 구려! 이게 뭐야!" 하며 더는 입도 대지 않는다. 그 사실을 잘 아는 광대노린재 중에는 '그래, 나는 냄새도 지독하고 맛도 없어.'라고 경고하기 위해 선명한 무늬가 새겨진 녀석도 많다.

침광대노린재는 광대노린재(44쪽)의 친척이며 생김새도 닮았지만 육식성이다. 몸은 광대노린재보다 홀쭉하지만 빨대처럼 생긴 굵은 주둥이를 지녔으며 **다른 곤충을 덮쳐서 체액을 빨아먹는다.** 먹잇감을 낚아채기 쉽도록 앞다리가 튼튼하다.

왕침노린재는 벚나무나 팽나무 등의 줄기에서 생활하며 곤충만을 잡아먹는다. 적극적으로 사람을 공격하지는 않지만 **손으로 잡아서 움켜쥐었다가 굵은 주둥이에 푹 찔리는 경우도 있다.**

독성은 없으므로 위험도를 따지자면 낮은 편이지만 대형 종인 왕침노린재쯤 되면 주둥이의 굵기도 보통이 아니다. 찔렸다간 상당한 아픔이 따른다. 또한 주둥이 주변에는 온갖 균이 들러붙어 있기 때문에 위생 면에서도 좋지 않아서 함부로 방심해서는 안 된다.

💡 토막상식

한국에 서식하는 침광대노린재는 위험도가 낮으며 해충을 잡아먹는 익충으로 여겨지기도 하지만, 해외에는 피를 빠는 침광대노린재도 있어. 중남미에는 사람의 피를 빨아먹는 침광대노린재가 살고 있단다. 특히 베네수엘라침광대노린재는 몸 안에 샤가스병이라는 병을 일으키는 병원균이 기생하고 있기 때문에 피를 빨렸을 때 감염되어 목숨을 잃게 되는 경우도 있어.

정보

- 분류: 노린재목 침노린재과
- 크기: 20~26mm
- 서식지: 한국, 일본, 중국, 인도

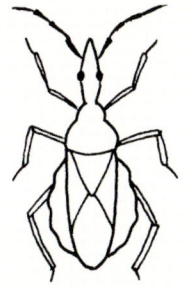

어마무시 등급

살짝 어마무시해!

내 이름은 붉은불개미야

최근에 한국에 들어온 붉은불개미는 현재 일본을 비롯하여 중국 등 여러나라에서 가장 두려움을 사고 있는 개미다. 붉은불개미 무리만이 합성할 수 있는 고유한 독을 지녔으며, 위험을 느끼면 엉덩이 끝에 달린 독침으로 찔러 공격한다. 사람이 이 침에 찔리면 불에 덴 것처럼 아프고 아나필락시스 쇼크(알레르기 반응이 몸 전체에 급격하게 일어나는 증상으로, 가려움증이나 호흡 곤란을 일으키며 심하면 목숨을 잃기도 한다-옮긴이 주)를 일으키기도 한다.

정보

- 분류: 벌목 개미과
- 크기: 2.5~6mm
- 서식지: 남미 (자연 분포)

※ 한국, 일본, 미국은 오스트레일리아, 뉴질랜드, 말레이시아, 대만 타이완, 중국 남부

어마무시 등급

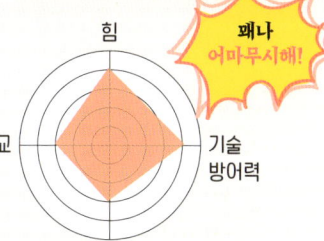

패나 어마무시해!

힘 / 기교 / 기술 방어력 / 속도

💡 토막상식

남미에 서식하는 파라포네라라는 개미 역시 맹독을 지녔고, 몸길이가 30밀리미터 정도나 되는 육식성 대형 개미야. 주로 야행성이기 때문에 먹잇감을 찾아서 어두운 정글 속을 돌아다녀. 이 녀석에게 찔리면 몹시 아픈 데다 그 통증이 24시간이나 계속돼. 'Bullet Ant(총알개미)'라는 별명으로 불린다는 사실만으로도 그 고통이 어느 정도인지를 가늠할 수 있어.

하지만 붉은불개미의 무서움은 독이 전부가 아니다. 빠르게 번식한다는 점과 난폭하다는 점이야말로 붉은불개미의 진정한 무서움이다. 붉은불개미의 여왕개미는 하루에 약 1500개나 되는 알을 낳는다고 할 만큼 놀라운 번식력을 지녔다. 미국에서도 박멸 작전을 펼쳤지만 그런 노력을 비웃듯 눈 깜짝할 사이에 정착하고 말았다. **그리고 잡식성이며 공격적인 붉은불개미는 곤충이나 식물은 물론이고 척추동물까지 집단으로 공격한다.** 붉은불개미는 이렇게 생활의 터전을 착착 넓혀가는 무적의 침략자이다.

개미귀신은 잠자리를 닮은 명주잠자리라는 곤충의 애벌레가다. 명주잠자리는 알을 땅속에 낳고 애벌레는 네 번의 탈피를 거쳐 어른벌레가 되는데, 어른벌레가 되기까지 2~3년 동안은 주로 땅속에서 보낸다. 땅속에서 사는 개미귀신에게 모래를 다루는 것쯤은 식은 죽 먹기다. 지면을 빙글빙글 돌면서 깔대기 모양의 집인 '개미지옥'을 짓는다. 개미귀신에게는 '모래성'이지만 개미에게는 그야말로 지옥이다. 개미귀신은 둥지 밑바닥에 몸을 숨긴 채 먹잇감이 다가오기를 가만히 기다린다. **그리고 먹잇감이 둥지에 들어오면 모래 뿌리기 공격으로 탈출하지 못하게 막은 뒤 붙잡는다.** 이렇게 개미귀신은 **애벌레일 때 약 80마리 넘는 개미들의 무리를 먹는다고 한다.** 먹잇감이 구멍에 들어오지 않는다면 아무런 의미가 없으니 반쯤은 운에 맡긴 사냥 방식처럼 보이지만 적극적으로 먹잇감을 찾아 둥지를 옮기기도 한다.

토막상식

개미귀신은 붙잡은 먹잇감의 몸 안에 소화액을 주입해 흐물흐물하게 녹아내린 내용물만 빨아먹어. 남은 껍데기는 버려서 배설은 하지 않는다고 여겨졌어. 하지만 2010년에 '오줌을 눈다'는 사실이 밝혀졌단다. 이 사실을 발견한 사람은 놀랍게도 일본의 초등학생이었어. 여름방학 숙제를 통해 위대한 발견을 한 거야.

정보

- 분류: 풀잠자리목 명주잠자리과
- 크기: 약12mm 전후(종령 애벌레), 35~45mm(어른벌레)
- 서식지: 한국, 일본, 중국

어마무시 등급

살짝 어마무시해!

힘 / 기교 / 기술 방어력 / 속도

일본에 약 600종이 서식하는 잎벌레 무리 중에서도 이채로운 녀석이 있으니 바로 대형 잎벌레인 수중다리왕잎벌레다. 이 녀석들은 동남아시아가 원산지인 외래종으로, 일본에서는 2006년에 미에현에서 처음으로 발견되었고, 이후로 주변 지역에 정착한 사실이 확인되었으나 아직 한국에는 들어오지 않았다.

잎벌레는 대부분 자그마하지만 수중다리왕잎벌레는 동남아시아 출신인 만

정보

- 분류: 딱정벌레목 잎벌레과
- 크기: 15~25mm
- 서식지: 동남아시아(일본 혼슈·미에현에 정착)

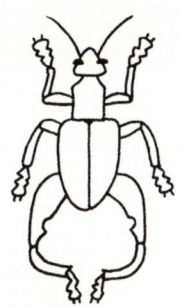

 등급

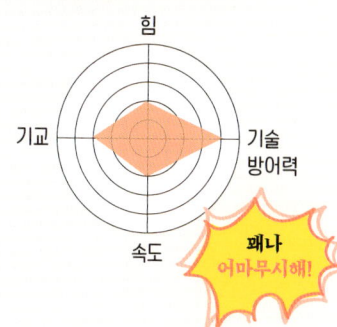

패나 어마무시해!

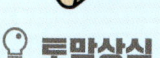 토막상식

애벌레는 콩과 식물의 줄기에 구멍을 뚫어 혹처럼 생긴 공간(벌레혹)을 만든 뒤, 그 안에서 겨울을 보내. 일본의 미에현에서도 칡 줄기에 벌레혹을 만든 사례가 여럿 발견되었어. 하나의 벌레혹 안에는 수십 마리의 애벌레가 들어 있기도 하단다. 본래 열대 곤충인데도 일본의 추운 겨울을 넘길 수 있는 것은 이 벌레혹 덕분이야.

큼 덩치가 크다. 주목해야 할 부분은 역시나 **듬직한 뒷다리** 아닐까? 만져 보려 하면 뒷다리를 들어서 꽉 꼬집는다. **잘 발달한 뒷다리는 점프력을 높여줄 뿐 아니라 몸을 지켜주는 무기도 된다.** 참고로 금속처럼 반질반질한 몸의 색깔은 파랑색, 초록색, 빨간색 등 다양하다. 그건 그렇고 왜 하필 뒷다리가 발달한 것일까? 뜻밖의 부위를 무기로 삼은 이유는 수수께끼다.

뾰족뾰족하고 커다란 몸으로
물구나무를 세서 싸우는

공격 방법이 어마무시해!

"의태?"

"난 안 해도 돼!"

♪~ ♪~ ♪~

내 이름은
몸큰녹색대벌레 야

대벌레라 하면 가늘고 길다는 이미지가 있지만 세상에는 그런 고정관념을 뒤집는 대벌레가 있다. 말레이시아에 서식하는 몸큰녹색대벌레 암컷은 최대 180밀리미터이고 무게는 50~100그램으로, 세계에서 가장 무거운 곤충이다.

굵직한 몸은 온통 가시로 뒤덮여 있어서 겉모습부터 강해 보인다. 하지만 사실은 몸이 무거운 만큼 날지 못하다 보니 움직임도 느릿느릿하다.

그런 몸큰녹색대벌레의 유일한 저항 수단은 물구나무를 서서 위협하는 것이다. **강해 보이는 겉모습을 최대한으로 이용해, 자신의 몸이 훨씬 커 보이도록 뒷다리나 엉덩이를 번쩍 치켜든다.** 가시가 가득한 뒷다리로 상대를 조이면 상당한 타격을 줄 수도 있다.

토막상식

몸큰녹색대벌레는 전 세계에 수없이 많은 대벌레 중에서도 수컷과 암컷의 생김새나 색깔의 차이가 가장 큰 녀석이야. 거대한 암컷에 비해 수컷의 몸길이는 약 80밀리미터밖에 되지 않으니 암컷의 절반 정도지. 체형도 날씬하고, 약간이나마 가시도 있긴 하지만 몸의 색깔은 갈색이고, 뒷날개가 발달해서 하늘을 날 수도 있어. 그래서 도저히 같은 곤충처럼 보이지가 않아.

정보

- 분류: 대벌레목 혹대벌레과
- 크기: 수컷 90mm, 암컷 150mm 내외
- 서식지: 말레이 반도

* 의태: 천적으로부터 자신의 몸을 보호하기 위하여 다른 곤충의 모양으로 위장을 하여 위험을 벗어나려고 하는 형태

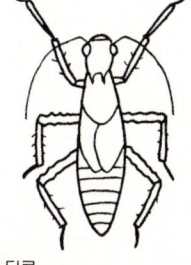

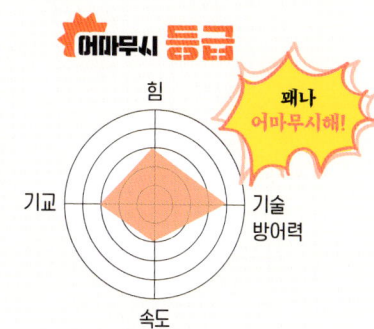

어마무시 등급 — 꽤나 어마무시해!
힘 / 기교 / 속도 / 기술 방어력

2

어마어마하고 무시무시한 생활 방식!

'아니, 그런 곳에 산다고?'
'어쩌다 그런 데서 살기로 한 걸까?'
자신만의 독특한 삶을 살아가는 곤충들,
모두 모두 모여라!

곤충 중에는 물속이나 물 위에서 사는 종류가 있다. 물방개도 그런 곤충 중 하나로, 늪이나 논에 살면서 물속의 곤충이나 작은 물고기를 잡아먹는 육식성 수서곤충이다.

대부분의 *수서곤충은 본래 땅 위에서 살던 곤충이라고 한다. 그래서 몸의 근본적인 형태는 땅에서 사는 곤충과 똑같다. 물속에서 생활하지만 물고기처럼 아가미 호흡으로 물속의 산소를 들이마시지는 않는다.

* 수서곤충: 물속에 사는 곤충류

정보

- **분류** 딱정벌레목 물방개과
- **크기** 35~40mm
- **서식지** 한국, 일본, 중국, 동남아시아, 시베리아 동부

좋겠다.
게아재비
푸핫.

💡 토막상식

물방개는 애벌레일 때와 어른벌레일 때 모두 물속에서 지내지만 번데기가 될 때만큼은 뭍으로 올라와 땅속에서 어른벌레가 될 시기를 기다려. 하지만 현재는 논이나 연못 모두 콘크리트로 둘러싸인 곳이 많다 보니 물가 주변에서 흙을 찾지 못해 번데기가 되지 못하는 물방개도 늘어나고 있단다. 환경의 변화 때문에 물방개의 수는 급격히 줄어들고 있어.

그럼 호흡은 어떻게 할까? 물방개는 산소를 간직한 채 물속에 잠수하는 방법을 선택했다. **날개와 배 사이에 공기를 저장한 다음, 배 옆에 있는 기문으로 산소를 빨아들이며 물속을 헤엄친다.** 채워 놓은 산소가 적어지면 엉덩이 끄트머리를 물 위로 내밀어 산소를 보충한다. **특제 산소통 덕분에 물속에서 자유로워질 수 있었던 셈이다.**

매미나 광대노린재와 같은 무리에서 물 속으로 진출한 곤충이 있으니 바로 물장군이다. 날카로운 발톱과 잘 발달한 앞다리를 지녔기 때문에 개구리나 작은 물고기 등 자신보다 커다란 먹잇감에게도 과감하게 덤벼든다. 이렇게나 야성적인 물장군이지만 곤충계에서 최고로 다정다감한 아빠이기도 하다. 알을 낳고 그대로 떠나버리는 경우가 많은 곤충 세계에서 **아빠 물장군은 세심하게 새끼를 키우는 보기 드문 곤충이다.** 엄마 물장군은 논에 자라난 식물에 알을 낳아놓고는 그대로 떠나버린다. 그러면 아빠 물장군이 찾아와 **몸으로 알을 덮는다. 이는 외부의 적이나 직사광선으로부터 알을 지키기 위한 일이다.** 알이 마르지 않도록 물을 주기도 한다. 그리고 부화한 뒤에도 한동안은 수면에 떨어진 애벌레를 돌봐주는 자식 바보 같은 면모를 보인다.

💡 토막상식

물장군처럼 논에서 새끼를 키우는 동료로 유명한 곤충이 바로 물자라야. 물자라(일본에서는 고오이무시라고 부르는데, '새끼(고)를 업은(오우) 벌레(무시)'라는 이름에서 알 수 있듯이) 수컷은 수많은 알을 등에 업고 다녀. 암컷은 짝짓기가 끝나면 곧바로 수컷의 등에 알을 낳고, 수컷은 부화할 때까지 계속해서 알을 지키지. 그동안 수컷은 날개를 펼칠 수 없기 때문에 날지 못해.

정보

- **분류** 노린재목 물장군과
- **크기** 48~65mm
- **서식지** 한국, 일본, 중국, 타이완

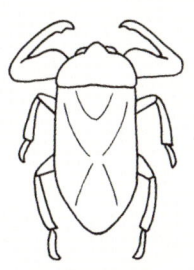

어마무시 등급

꽤나 어마무시해!

힘 / 기술 / 방어력 / 속도 / 기교

요람 속에서 어른이 되는 숲속의 공주님

내 이름은 거위벌레야

몸길이가 10밀리미터 정도의 작은 곤충인 거위벌레는 자신보다 몇 배나 커다란 잎을 능숙하게 자르고 접고 말아서 작은 꾸러미를 만든다. 이 꾸러미는 알을 담아두는 '요람'이다.

초여름이 되면 암컷 거위벌레는 아직 야들야들할 때의 나뭇잎을 입과 다리로 둘둘 만 다음 그 안에 알을 낳고, 예쁘게 말린 나뭇잎 안에는 알이 하나밖에 없다. 사치스럽게도 **한 마리당 한 개의 요람이 주어지는데,** 이는 단

정보

- 분류: 딱정벌레목 거위벌레과
- 크기: 6.5~10mm
- 서식지: 한국, 일본, 중국, 시베리아

어마무시 등급

힘 / 기술 / 방어력 / 속도 / 기교

살짝 어마무시해!

토막상식

나뭇잎을 이용해 둥지를 짓는 벌도 있어. 이름하여 장미가위벌이야. 나무에 난 구멍 등에 둥지를 짓고 홀로 사는 벌이야. 그 구멍의 벽을 나뭇잎으로 덮어 나가는데, 구멍의 형태에 맞춰서 바닥에 까는 나뭇잎은 동그랗게, 옆면에 바르는 나뭇잎은 원통형으로 자르는 등 용도에 딱 맞게끔 나뭇잎을 자른단다.

순한 요람이 아니고 먹을 수 있는 요람이다. **요람 속에서 부화한 애벌레는 안쪽의 나뭇잎을 먹으며 어른벌레가 될 때까지 요람 속에서 성장한다.** 그야말로 숲속의 공주님이다. 온갖 나뭇잎을 지저분하게 갉아먹는 대신, 요람으로 선물받은 나뭇잎 한 장만을 성장하는 데 사용하는 예의 바른 곤충이다.

집이 너무 편안해서 못 나가겠어요

생활 방식이 어마무시해!

신붓감 발견!

암컷

언젠가 왕자님이 맞이하러 와 주시겠지.

수컷

내 이름은 남방차주매미나방(암컷)이야

도롱이벌레는 주머니나방의 애벌레다. 다양한 종류가 있지만 공원이나 마당에 매달려 있는 대표적인 도롱이벌레는 주머니나방 중에서도 가장 큰 남방차주머니나방의 애벌레다. 남방차주머니나방의 애벌레는 입에서 실을 토해 내고 나무껍질이나 나뭇잎 조각을 자신의 몸에 붙여서 도롱이를 만든다. 처음에는 톱밥이나 먼지 등을 두른 작은 도롱이이지만 성장함에 따라 크기나 소재를 개량해 서서히 튼튼한 도롱이로 바꾸어 나간다. **튼튼한 도롱이는 몸을 지키는 갑옷이 되기도, 겨울철의 추위를 막아주는 집이 되기도 한다.**

도롱이 속에서 번데기가 되어 날개돋이를 하면 수컷은 도롱이를 빠져나와 날아가지만 암컷은 도롱이를 떠나지 않는다. 사실은 날개와 다리가 퇴화되어 나갈 수 없는 것인데, **평생 도롱이와 함께 사는 길을 택한 셈이다.** 당연히 짝짓기도 도롱이 안에서, 산란도 도롱이 안에서 한다.

토막상식

도롱이벌레는 굳이 말하자면 나무로 집을 짓는 건축가지만 개중에는 돌로 집을 짓는 곤충도 있어. 바로 날도래의 애벌레지. 날도래는 모기를 닮은 곤충으로, 나비 애벌레같이 생긴 애벌레는 물속에서 생활해. 몸을 지키기 위해 강바닥의 모래나 돌멩이를 재료로 삼아 도롱이벌레처럼 집을 짓는단다.

정보

- 분류: 나비목 주머니나방과
- 크기: 어른벌레(수컷)17~18mm, 도롱이의 크기 50mm (암컷의 크기 30mm)
- 서식지: 한국, 일본

 등급

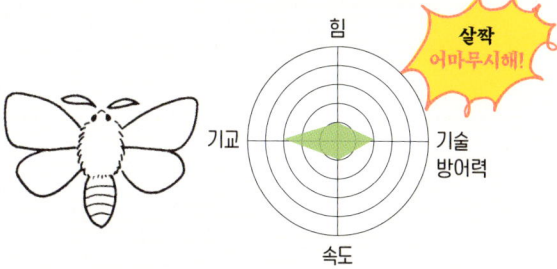

살짝 어마무시해!

힘 / 기교 / 기술 방어력 / 속도

앉은뱅이는 커다란 집게발이 달린 생김새 때문에 '꼬리 없는 전갈'로 비유되는 동물이다. 덩치가 작아서 눈에 잘 띄지 않으므로 많이 알려지지는 않았지만 땅속이나 가정집처럼 친근한 장소에서 살아가고 있다. 다만 앉은뱅이는 곤충이 아니고, 거미나 전갈의 무리다.

눈도 거의 보이지 않으며 날기 위한 날개도 없는 앉은뱅이지만 알고 보면 특별한 이동 수단을 갖추고 있다. **바로 하늘을 나는 곤충의 다리나 털에 매달려서 함께 날아가는 방법이다.** 기생이 아니라 어디까지나 무임승차일 뿐이다. 마치 택시나 개인 제트기처럼 곤충을 이용하는 앉은뱅이지만 목적지를 선택하지는 못한다. **어디에 도착할지는 올라탄 곤충에게 달려있다.**

💡 토막상식

앉은뱅이는 작은 텐트 같은 둥지를 지어. 주둥이 끝에 실을 내뿜는 기관이 있는데, 여기에서 나온 실로 나무껍질이나 바위 틈 같은 곳에 얄팍한 자루 형태의 막을 만들어 그 안에서 지낸단다. 다만 이 둥지를 짓는 것은 허물을 벗거나 겨울을 보낼 때, 아니면 애벌레를 키울 때와 같은 특별한 상황뿐이라고 해.

정보

- 분류: 앉은뱅이목 두줄앉은뱅이과
- 크기: 3~5mm
- 서식지: 한국, 일본

어마무시 등급

살짝 어마무시해!

사람 손에 길러진 지 5000년, 이제 사람 없이는 살 수 없어

생활 방식이 어마무시해!

내 이름은 누에나방이야

누에나방의 애벌레는 누에다. 번데기가 될 때 만들어지는 고치에서 명주실을 얻을 수 있기 때문에 예로부터 귀중하게 여겨졌다.

격렬한 생존경쟁이 펼쳐지는 곤충의 세계에서 누에나방은 **홀로 살아갈 능력이 전혀 없는 무척 이질적인 존재다.** 적으로부터 몸을 숨길 마음 따윈 털끝만큼도 없어 보이는 새하얀 몸. 바람이 불면 날아갈 정도로 연약한 다리. 어른벌레가 되어서도 날개의 근력이 약하기 때문에 아무리 날개를 퍼덕

정보

- 분류: 나비목 누에나방과
- 크기: 17~23mm
- 서식지: 한국, 일본, 중국, 이탈리아, 프랑스

※ 야생 누에나방은 없다.

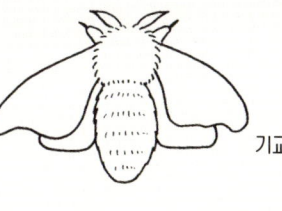

살짝 어마무시해!

 토막상식

고치의 실을 빼앗긴 누에는 어떻게 될까? 실을 뽑기 전에 고치와 함께 삶으므로 그 시점에서 누에는 죽고 말아. 따라서 대부분의 누에는 어른벌레가 되지 못한단다. 어른벌레의 수명은 열흘 정도지. 입이 퇴화했기 때문에 밥도 먹지 못해. 참고로 고치 1개에서 뽑아낼 수 있는 실은 최대 1500미터나 된다고 해.

여도 날지 못한다.

'이렇게나 살아갈 능력이 없어도 괜찮을까?' 하는 걱정이 들지만 누에나방을 이렇게 만든 장본인은 인간이다. 오랫동안 인간이 기르고 개량하여 완전히 가축화시켰기 때문에 **야생에서는 살아갈 수 없는(살아갈 필요가 없는) 몸이 되었다.** 하지만 인간과 누에의 역사는 너무 오래되었기 때문에 사실 그 기원은 밝혀지지 않았다.

짱구개미는 약 5밀리미터 정도의 작은 입구만 봐서는 상상도 할 수 없을 만큼 땅속 깊이 뻗어 내린 개미집에 살고 있다. 개미집의 길이는 4~5미터이다. 일반적인 가정집의 1층 바닥부터 천장까지가 약 3미터이니 **거의 지하 2층에 가까운 깊이이다.**

별 이유도 없이 깊게 판 것은 아니고, 짱구개미의 둥지에는 **식량의 신선도를 유지해주는 냉장고까지 완벽하게 갖춰져 있기 때문이다.**

정보

- 분류: 벌목 개미과
- 크기: 4.5~6mm 전후
- 서식지: 한국, 일본, 중국

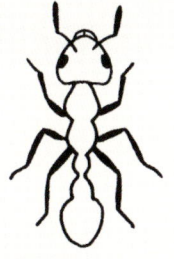

어마무시 등급

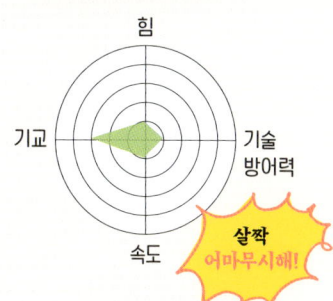

살짝 어마무시해!

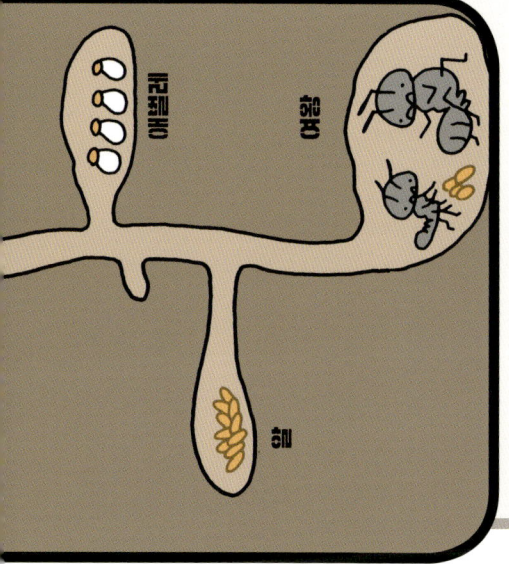

토막상식

개미 중에는 개미집을 짓지 않는 개미도 있어. 중앙아메리카 및 남아메리카 열대우림에서 서식하는 군대개미는 수백만 마리나 되는 개미떼가 일정한 보금자리 없이 이동하며 생활해. 지면을 뒤덮은 까만 융단처럼 떼로 뭉쳐서, 눈앞에 나타난 먹잇감에게 달려들어 잡아먹는단다. 주변의 먹잇감을 모두 먹어치우면 또다시 집단으로 이동한다고 해.

대부분의 개미는 육식성이지만 짱구개미의 주식은 식물의 씨앗이다. 봄이나 가을이면 씨앗을 잔뜩 모아서 집까지 가지고 돌아온다. 씨앗은 온도와 습도가 안정적인 땅속 깊은 곳에 보관한다. 이렇게 싹이 나지 못하도록 막아서 오랫동안 영양가 풍부한 씨앗을 맛볼 수 있는 것이다. 참고로, 대부분의 개미가 활동하는 여름에 짱구개미는 개미집의 입구를 막아놓은 채 보관해 놓은 씨앗을 먹으며 보낸다.

개미는 덩치가 작지만 협동심이 뛰어나다. 곤충 세계에서도 '저 녀석들이 떼로 뭉치면 장난 아냐…'하고 인정하는 존재다.

그래서 개미집에 몸을 숨긴 채 성장하려는 곤충들이 있다. 녀석들은 개미집에 들어가기 위해 달콤한 즙을 개미에게 바치거나 친구라고 착각하도록 개미의 냄새를 흉내 내는 등 온갖 방법으로 개미를 속이려 한다. 그런 곤충들 중에서도 이색적인 녀석이 있으니, 바로 담흙부전나비의 애벌레다.

거북이처럼 생긴 담흙부전나비 애벌레는 단단한 겉껍질에 뒤덮여 있고, **이 겉껍질이 개미의 공격을 완벽하게 막아준다.** 덕분에 담흙부전나비 애벌레는 **위장하지도, 선물을 바치지 않고도** 당당하게 개미의 애벌레를 먹으며 개미집에 계속 눌러앉을 수 있다.

💡 토막상식

개미집에는 사실 개미 외에도 여러 가지 곤충이 살고 있어. 개미집귀뚜라미나 반날개 등 수만 종류의 작은 곤충들이 개미집에 의존하려는 습성을 지녔단다. 개미는 냄새나 소리를 이용해 서로 의사소통을 하지만 어느 세계에나 성대모사의 달인은 있는 법. 애벌레가 잡아먹히고 있는데도 개미는 눈치채지 못하는 모양이야.

정보

- **분류** 나비목 부전나비과
- **크기** 어른벌레 39mm / 애벌레 30mm
- **서식지** 한국, 일본, 중국, 동남아시아

어마무시 등급

꽤나 어마무시해!

힘 / 기교 / 기술 방어력 / 속도

생애 한 번뿐인 여름은 피서지에서 쾌적하게

내 이름은 고추좀잠자리야

무더운 여름을 피해 지구상을 이동하는 동물은 인간이나 새뿐만이 아니다. 고추잠자리 무리의 대표공인 **고추좀잠자리는 시원한 곳을 찾아 이동하는 잠자리다.**

잠자리의 애벌레는 물속에서 생활하기 때문에 고추좀잠자리는 논이나 강, 늪지 등에 알을 낳는다. 겨울은 알 상태로 보내고 4월경에 부화한다. 어른벌레가 되는 시기는 딱 더워지기 시작하는 7월 무렵이다. 저지대에 있던 고추

정보

- **분류** 잠자리목 잠자리과
- **크기** 40mm 전후
- **서식지** 한국, 일본, 중국, 유라시아 대륙

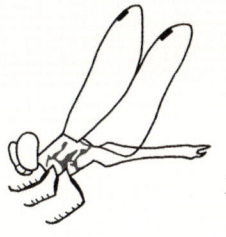

 등급

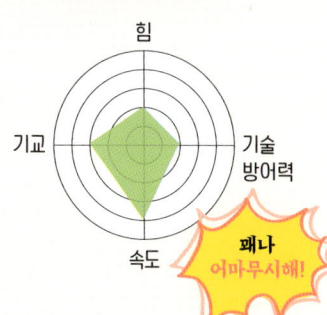

꽤나 어마무시해!

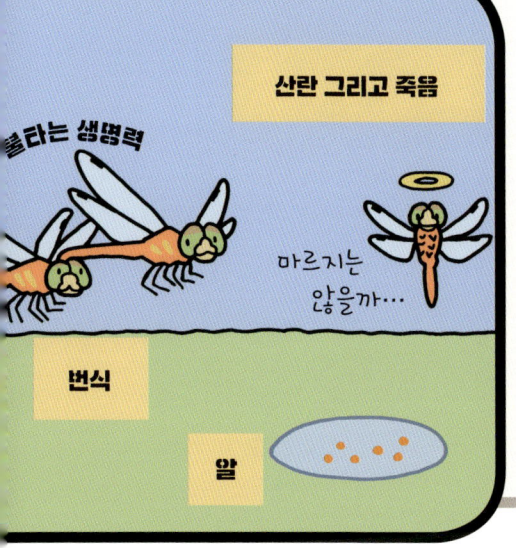

산란 그리고 죽음

불타는 생명력

마르지는 않을까…

번식

알

 토막상식

세상에는 훨씬 대규모로 이동하는 곤충도 있어. 제왕나비는 세계에서 가장 먼 거리를 이동한다고 하는 곤충이지. 겨울이 되면 고향인 캐나다와 미국의 국경 부근에서 기온이 높은 멕시코로 약 3000킬로미터의 대이동을 실시해. 그리고 고향으로 돌아올 때는 3~4세대에 걸쳐 세대교체를 하며 북쪽으로 올라간단다.

꼬마잠자리들은 날개를 손에 달자마자 '이렇게 더운 곳에서는 더 이상 못 있겠어'라며 일제히 서늘한 산지로 날아오른다. **산지에서 영양을 충분히 섭취하며 쾌적한 여름을 보낸 고추좀잠자리는 가을이면 저지대로 돌아와 짝짓기를 하고 알을 낳는다.**

참고로 산란을 마치면 수컷과 암컷 모두 겨울에는 죽고 만다. 일 년 동안 저지대와 산지를 왕복하며 세대를 교체하는 것이다.

새끼가 아니라 남편을 어부바

생활 방식이 어마무시해!

내 이름은 섬서구메뚜기야

커다란 메뚜기에 올라탄 작은 메뚜기를 보면 "아, 어미하고 새끼구나!"하며 잔뜩 들뜨기 마련이지만 유감스럽게도 녀석들은 **어미와 새끼가 아닌 부부 사이다.** 메뚜기는 번데기를 거치지 않고 알→애벌레→어른벌레로 성장하는 불완전변태(11쪽) 곤충이다. 애벌레와 어른벌레는 크기만 다르기 때문에 오해하기 쉽지만 날개가 돋아나 있다면 어른벌레, 즉 100퍼센트 남편이라는 뜻이다.

정보

- **분류** 메뚜기목 섬서구메뚜기과
- **크기** 20~42mm
- **서식지** 한국, 일본, 중국, 타이완

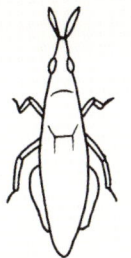

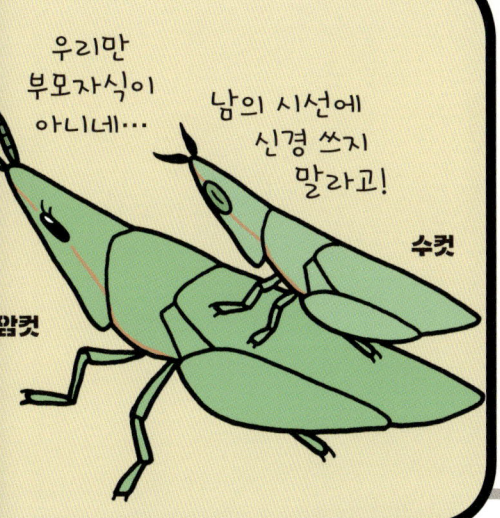

💡 토막상식

수컷 곤충은 자신과 짝짓기를 한 암컷이 다른 수컷과 짝짓기를 하지 못하도록 온갖 작전을 시도해. 감시하는 스타일인 섬서구메뚜기에 비해 더욱 효율적인 작전을 펼치는 곤충도 있어. 노랑초파리는 정액 속에 짝짓기를 피하는 성분이 함유되어 있기 때문에 짝짓기를 마친 암컷은 다른 수컷의 구애를 거부하게 돼. 이처럼 수컷은 자신의 자손을 남기기 위해 안간힘을 쓴단다.

대부분의 메뚜기는 수컷보다 암컷이 더 크고, 짝짓기를 할 때면 수컷이 암컷 위에 올라타기 때문에 어부바를 한 것처럼 보인다. **보통은 짝짓기를 마치면 곧바로 떠나지만 섬서구메뚜기는 짝짓기가 끝나고도 수컷이 오랫동안 암컷의 등에 업혀 다닌다.** 그 이유는 다른 수컷과의 짝짓기를 막는 것과 암컷을 지키기 위해서이다. 이것도 또 다른 사랑의 형태라 할 수 있지 않을까?

다른 생물에게 기생한다면 기본적으로는 몰래 얹혀살기 마련이다. 하지만 매미기생나방의 애벌레에게 숨을 생각 따윈 없다.

매미기생나방은 애벌레일 때에만 저녁매미에게 기생하여 체액을 빨아먹으며 성장한다. 저녁매미가 날아올 법한 나뭇잎에 낳아둔 알은 저녁매미의 날갯짓 소리나 진동에 반응하여 부화한다고 하는데, 부화한 뒤에는 저녁매미의 배 부분으로 자리를 옮긴다. 탈피를 거듭하며 성장하다 콩령 애벌레 때는 하얀 실을 두르고 털구슬 같은 상태로 변한다. **그리고 때가 되면 하얀 실을 늘어뜨린 뒤, "잘 있어라!"하며 실을 타고 나무껍질 같은 곳으로 뛰어내리고** 그곳에서 번데기가 되어 날개돋이를 한다.

저녁매미는 이와 같은 사태가 벌어질 때까지 눈치채지 못한다. 너무 둔하지 않은가?

💡 토막상식

매미기생나방은 매미의 겉면에 들러붙어서 기생하지만 개중에는 숙주의 몸 안에서 일생을 마치는 기생곤충도 있어. 부채벌레가 그 대표주자란다. 부채벌레는 벌이나 매미충, 바퀴 등에 기생해. 몸 안에 숨어 있기 때문에 실제 모습을 볼 일은 적지만 말벌 같은 곤충의 배 부분에서 암컷 부채벌레가 고개를 내밀기도 해.

정보

- 분류: 나비목 매미기생나방과
- 크기: 10~12mm
- 서식지: 한국, 일본

어마무시 등급

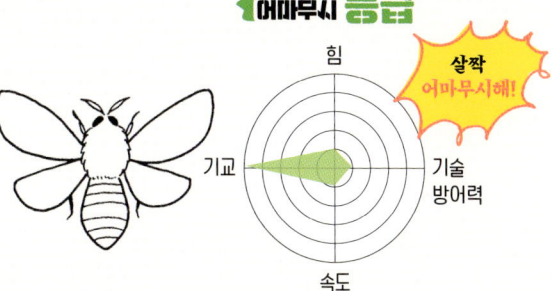

살짝 어마무시해!

말려 올라간 엉덩이가 특징인 밑들이는 '살아 있는 화석'이라 불릴 만큼 오래전부터 살아온 곤충이다. 공룡이 탄생하기 훨씬 이전인 고생대에서 화석이 발견되었는데, 완전변태(11쪽)를 하는 곤충 중에서는 현재 가장 원시적인 곤충이다.

그런 밑들이에게는 짝짓기를 할 때 **수컷이 암컷에게 먹이를 선물로 주는 습성이 있다.** 선물이 암컷의 마음에 들면 짝짓기를 할 수 있는데, 쉽게 말해 **암컷이 정신없이 먹이를 먹는 사이에 짝짓기를 끝내자는 작전이다.** 참고로 선물이 될 먹이로는 되도록 커다란 녀석을 고르는 모양이다. 먹이가 푸짐하면 짝짓기 시간을 늘릴 수 있으니 자신의 자손을 남기기도 쉬워지기 때문이다.

💡 토막상식

먹이를 주면서 구애하는 행위를 '구애급이'라고 부르는데, 곤충 세계에서는 자주 눈에 띄는 행동이야. 춤파리 역시 구애급이를 하는 곤충으로, 놀랍게도 앞다리에서 나오는 실로 먹이를 포장까지 해서 건네주기도 한단다. 먹이를 묶어 놓기 위한 행동이라고 생각되지만, 때로는 포장만 그럴싸하고 속은 텅 빈 선물을 주기도 한대.

 정보

- **분류** 밑들이목 밑들이과
- **크기** 13~20mm
- **서식지** 한국

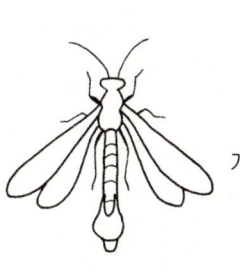

식물에 기생해서 아늑한 보금자리를 장만해요

생활 방식이 어마무시해!

내 이름은 **조롱나무잎진딧물**이야

곤충 중에는 식물에 기생하는 녀석도 있는데, 이들은 '벌레혹'이라 불리는 멋들어진 보금자리를 만든다.

조롱나무잎진딧물은 조롱나무라는 나무에 지름 약 10센티미터의 벌레혹을 만든다. 참고로 벌레혹의 내부는 밀폐된 텅 빈 공간이다. 수천 마리의 진딧물들이 내벽의 수액을 빨아먹으며 살아간다.

완벽한 방범 시설에 세 끼 식사까지 갖춰진 아늑한 집이다. 이런 집을 어떻

정보

- **분류**: 매미목 납작진딧물과
- **크기**: 0.5~1mm
- **서식지**: 한국, 일본

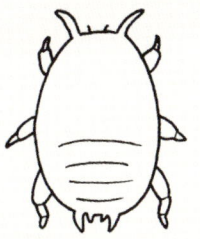

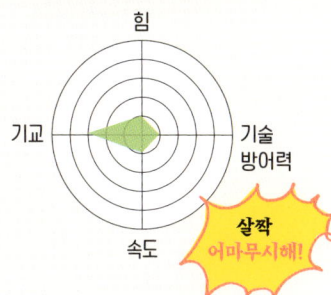

살짝 어마무시해!

💡 토막상식

조롱나무잎진딧물의 벌레혹은 완전히 폐쇄되어 있어. 출입구가 없는 가운데 2년 가까이 생활한다고 하는데, 배설물은 어떻게 처리하는 걸까? 조록나무잎진딧물은 단물이라는 액체 형태의 물질을 배출하지만 이 물질 때문에 혹 내부가 질퍽질퍽해지지는 않아. 혹에 있는 스펀지 형태의 표층을 통해 단물이 내벽에 흡수되기 때문이야.

게 만드느냐 하면, **식물 내부로 침입한 다음에 식물을 변형시키는 화합물을 뿜어 낸다.** 또한 조롱나무잎진딧물은 수리 작업도 특기이다. **적의 공격을 받아 구멍이 뚫렸을 때는 자신의 체액으로 딱지 같은 것을 만들어서 구멍을 막는다.** 이 딱지에는 식물의 재생을 촉진시키는 작용도 있다고 하니 정말 굉장하다.

벌과의 만남에 운명을 배팅하는 도박사

내 이름은 남가뢰야

기생곤충 중에는 몇 단계의 과정을 거쳐야만 기생할 수 있는 녀석이 있다. 남가뢰는 그런 까다로운 곤충의 대표 주자다. **남가뢰는 오로지 꿀벌과의 벌, 그것도 암컷에게만 기생한다.** 그 이유는 남가뢰가 꿀벌 무리의 알을 먹고 성장하기 때문인데, 이 알에 다다르기까지가 보통 어려운 일이 아니다. 부화한 남가뢰의 애벌레는 꽃 위로 이동해서 벌이 날아오기를 기다리고, **꽃을 찾아온 암컷 벌에 매달려서 산란 장**

정보

- **분류**: 딱정벌레목 가뢰과
- **크기**: 512~30mm
- **서식지**: 한국, 일본

※정보는 암컷

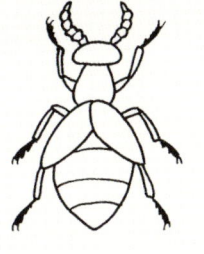

어마무시 등급

힘 / 기교 / 기술 방어력 / 속도

살짝 어마무시해!

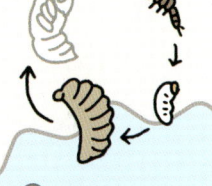

💡 토막상식

남가뢰는 알에서 부화한 직후인 1령 애벌레 때는 벌을 붙잡기 위한 날카로운 발톱을 지니고 있어. 2령에서는 발톱이 사라지고 애벌레 같은 모습으로 변하지. 그리고 중간에 거짓번데기이라 불리는 휴면기를 통해서 다시금 애벌레의 모습으로 돌아간 뒤, 번데기를 거쳐 어른벌레가 돼. 이처럼 완전변태보다 성장과정이 많은 변태를 '과변태'라고 하는데, 기생곤충에서 자주 찾아볼 수 있단다.

소까지 갈 수 있다면 대박이다. 태어나 첫 번째 식사(꿀벌 무리의 알)를 마치면 다음 단계로 넘어간다. 다만 다른 곤충에게 기생했을 경우에는 살아남지 못한다. 수컷에 기생했을 때도 운 좋게 암컷에게로 건너가지 못한다면 그대로 끝이기 때문에 기생에 성공할 때까지 힘겨운 여정은 계속된다.

무당거미는 한국에서도 자주 볼 수 있는 큰 거미로, 처마 끝 같은 곳에 멋들어진 집을 짓는다. 그 거미집의 중심을 차지한 주인은 암컷이다. **여러 가지 거미줄을 자유자재로 사용해 함정 저택을 지어서 열심히 사냥을 한다.** 그리고 수컷은 거미집 구석에 조용히 얹혀산다.

거미는 곤충이 아니지만 곤충과 마찬가지로 수컷보다 암컷이 더 큰 종류가 많은데, 수컷 무당거미는 암컷의 절반 정도 크기다. 압도적인 체격 차이 때문에 수컷이 암컷에게 잡아먹히고 마는 경우도 많다. 그래서 암컷이 방심한 틈(허물을 벗은 직후나 식사를 할 때)을 노려 짝짓기를 하기 위해 **수컷은 숨을 죽인 채 기회를 엿본다.** 딱한 처지의 수컷이 가엾기도 하지만 암컷이 커다란 이유는 많은 새끼를 낳기 위해서이고, 자손을 남기기 위한 합리적인 체격 차이다.

토막상식

거미줄은 오로지 집을 짓기 위해서만 쓰이지는 않아. 땅속에 집을 짓는 문닫이거미는 흙벽을 보강하거나 입구의 뚜껑을 고정시키는 데 거미줄을 이용해. 북아메리카에 서식하는 볼라스거미는 거미줄을 올가미처럼 사용해 먹잇감을 붙잡기도 해. 개중에는 물속에 풍선 같은 집을 짓는 물거미라는 종류도 있어. 거미의 종류만큼 거미줄의 사용법도 제각각인가 봐.

정보

- 분류: 거미목 무당거미과
- 크기: 6~30mm
- 서식지: 한국, 일본, 중국, 타이완, 인도

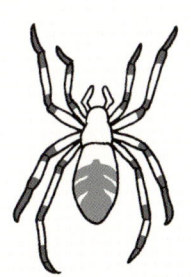

어마무시 등급

꽤나 어마무시해!

튀고 싶은 건지 숨고 싶은 건지 저도 잘 모르겠어요

파르스름한 초록색 날개를 지닌 푸른큰수리팔랑나비는 한국에 서식하는 팔랑나비 중에서 유일하게 선명한 색을 띤 나비다. 애벌레의 색깔 역시 독특하다. 몸통에는 검은색과 노란색 줄무늬가 그려져 있고 빨간 얼굴에는 까만 점이 찍혀 있는데, 자연에서는 무척 눈에 띄는 모습이다.

이처럼 색깔이 화려한 곤충은 대개 독을 지니고 있지만 푸른큰수리팔랑나비는 애벌레와 어른벌레 모두 독이 없다. **다시 말해 이 화려한 생김새는**

정보

- **분류**: 나비목 팔랑나비과
- **크기**: 어른벌레 24~26mm
  종령 애벌레 48~50mm
- **서식지**: 한국, 일본

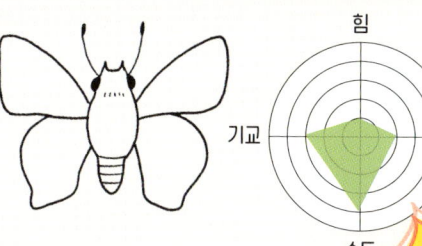

어마무시 등급

힘 / 기교 / 기술 / 방어력 / 속도

꽤나 어마무시해!

무서웠어~ 들키지 않아 다행이야...

어른벌레

토막상식

푸른큰수리팔랑나비와 같은 나뭇잎(나도밤나무)을 먹는 친구로 먹그림나비 애벌레가 있는데, 이쪽은 의태의 한계에 도전한 애벌레야. 애벌레 자체가 돌돌 말린 마른 잎처럼 생겼고, 번데기가 된 모습은 낙엽 그 자체야. 심지어 벌레에게 파먹혀서 구멍이 뚫린 듯한 자국까지 철저하게 흉내를 냈어.

'나, 독 있어'라는 허세인 셈이다. 그래도 역시 들켰을 때가 무서워서일까? 다른 화려한 색깔의 애벌레들이 당당하게 돌아다닐 때 푸른큰수리팔랑나비의 애벌레는 열심히 자신의 은신처를 만든다. **입에서 토해낸 실을 이용해 나뭇잎을 반으로 접은 집을 지어서 거의 온종일 그 안에 숨어 지내는데** 튀고 싶은 건지, 숨고 싶은 건지 모르겠다.

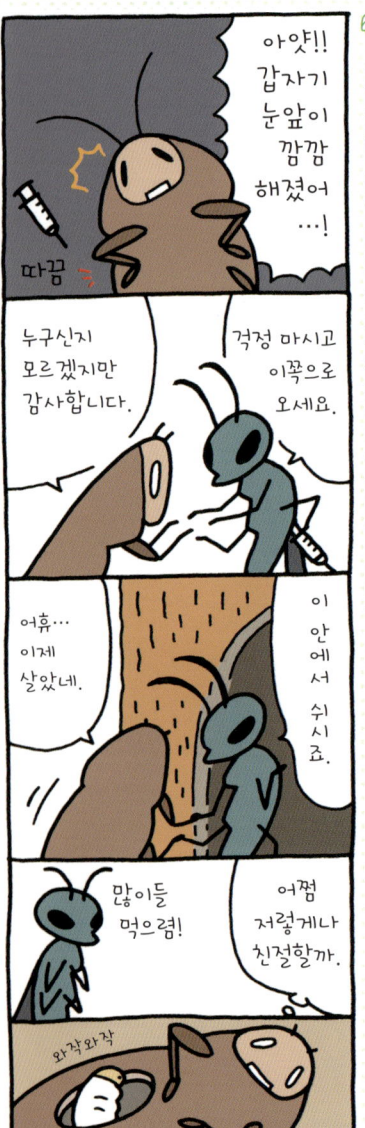

3

어마어마하고 무시무시한 신체 구조!

생김새가 화려하고 신체 구조가 특수한 곤충. '굉장한 몸이네요!' 라고 절로 고개가 끄덕여지는 곤충들이 등장한다.

가시?

벌?
???

싸앗?

남미의 아마존은 대형 곤충, 신기한 곤충의 보물 창고다. 그런 유쾌한 곤충들이 모인 가운데에서도 주된 역할을 차지할 듯한 녀석이 있으니 바로 악어머리뿔매미다.

악어머리뿔매미는 몸길이 약 70밀리미터의 대형 곤충으로, 매미의 일종이고 나무줄기의 겉면에 앉아 수액을 빨아먹는다. 평소 앞날개를 접고 있을 때는 나무와 비슷하게 되어 있지만 **위급한 상황에는 앞날개를 활짝 펼쳐서 뒷날개에 그려진 눈알 무늬를 드러낸다.** 갑자기 나타난 기분 나쁜 눈알 무늬에 적(새 등)도 화들짝 놀란다.

하지만 악어머리뿔매미의 가장 신기한 부분은 바로 머리다. 부자연스럽게 불쑥 튀어나온 머리 부분은 언뜻 보기에도 균형이 맞지 않다. **옆에서 보면 악어 머리처럼 생겼는데, 어떤 모양을 본떠서 흉내를 낸 것도 아니고 속도 텅 비어 있다.** 대체 무슨 이유로 발달했는지는 아직 밝혀지지 않았다.

💡 토막상식

나비나 나방의 천적은 새야. 따라서 새를 막기 위해 날개에 눈알 무늬가 그려진 곤충이 무척 많지. 그중에서도 올빼미나비는 날개에 그려진 무늬가 올빼미의 눈알과 꼭 닮았다 보니 한 번쯤 볼 만해. 참고로 일본에서는 새를 쫓기 위해 밭에 눈알 무늬 풍선을 설치하는데, 나방 무리의 위협 효과에서 힌트를 얻어 개발되었다고 해.

정보

- 분류   매미목 뿔매미과
- 크기   약 70mm
- 서식지 중남미

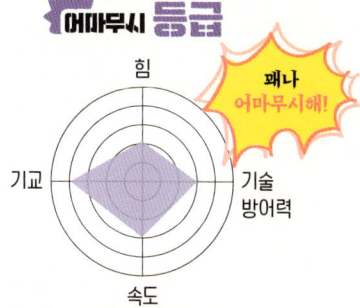

몸의 40퍼센트는 울기 위한 장비

내 이름은 유지매미야

유지매미는 알에서 약 1년, 애벌레 시절은 땅속에서 약 3~5년을 보낸 뒤 비로소 지상으로 올라와 날개돋이를 한다. 하지만 어른벌레의 수명은 고작 1~2주일이다. 가엾게 느껴질지도 모르지만 매미를 포함한 모든 곤충들은 생명을 이어나가야 한다는 사명을 위해 살아간다. 어른벌레 기간은 번식을 하기 위한 시기이니 자유를 만끽할 겨를이 없는 것이다.

이를 뒷받침하듯 성장을 마친 수컷 매미의 신체 구조는 무척 깔끔하다. **배**

정보

- **분류**: 매미목
- **크기**: 36~38mm
- **서식지**: 한국, 일본, 중국, 뉴기니아

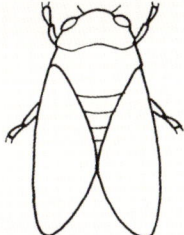

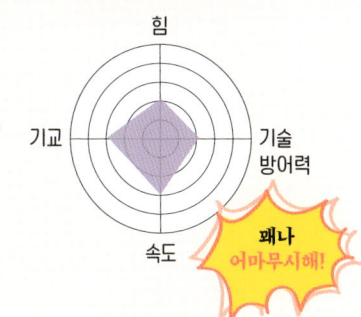

패나 어마무시해!

애벌레 시절

나, 크면 음악으로 먹고 살 거야.

💡 토막상식

매미는 같은 종류의 암컷을 쉽게 부를 수 있게끔 울음소리와 우는 시간대가 종류에 따라 달라. 한국에 사는 대표적인 매미 중에서는 민민매미가 오전 중에 매암~매암~맹하고, 참매미는 점심 때쯤에 찌르르르 울고, 저녁매미는 아침저녁으로 쓰르르르 울어. 참고로 저녁매미라 하면 늦여름이 연상되지만 사실은 6월 무렵부터 운다는 사실, 알고 있었니?

는 보통 중요한 기관으로 가득한 급소이기 마련이지만 수컷 매미의 배는 거의 텅 비어 있다. 이는 배 안에서 소리를 증폭시키기 위한 구조로, 더욱 큰 울음소리로 암컷을 부르기 위해서다. **수컷 매미에게는 '우는 것'이 무엇보다 중요하다.** 참고로 암컷의 배에는 알이 가득 차 있다.

현재 전 세계에 존재하는 장수풍뎅이 약 1600여종 중 한국에 서식하는 종류는 약 4종이다. 장수풍뎅이, 남방장수풍뎅이, 파우퍼장수풍뎅이, 그리고 외뿔장수풍뎅이다.

외뿔장수풍뎅이는 수액에 모여드는 경우는 거의 없고, 썩은 나무나 땅속에 살며 죽은 곤충 따위를 먹는다. 한국에 전국적으로 서식하지만 **커다란 뿔도 없고 덩치도 작기 때문에 장수풍뎅이라는 사실을 알아차리기란 무척 어렵다.**

하지만 덩치는 작아도 생명력이 강하다는 점이 외뿔장수풍뎅이의 특징이다. 일단 성장 속도가 무척 빠른데, 약 2개월의 애벌레 기간을 거치면 어른벌레가 된다. 일반적인 장수풍뎅이는 1년에 한 번 발생하지만 외뿔장수풍뎅이는 1년에 두세 번이나 발생한다. 게다가 어른벌레 상태로 겨울을 날 수 있기 때문에 사육된다면 2년 정도 사는 경우도 있다. **생명력은 웬만한 장수풍뎅이보다도 강하다.**

💡 토막상식

장수풍뎅이를 손으로 잡을 때는 가슴에서 튀어나온 작은 뿔의 뿌리 부분을 잡아. 코카서스투구장수풍뎅이 같은 대형 장수풍뎅이는 발톱에 긁히지 않도록 가운뎃다리와 뒷다리 사이의 몸통을 잡는 단다. 장수풍뎅이가 나무에 발톱을 걸어서 움직이지 않을 때는 엉덩이를 눌러서 손으로 움직인 다음에 잡아. 억지로 떼어냈다간 발톱이 걸려 다리가 떨어지니까 조심해.

정보

- 분류: 딱정벌레목 장수풍뎅이과
- 크기: 18~24mm
- 서식지: 한국, 일본, 중국

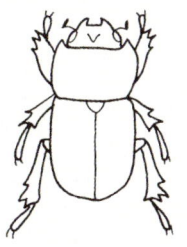

어마무시 등급

살짝 어마무시해!

비단벌레는 태양 아래서 눈부시게 빛나는 곤충이다. 한국에서는 금녹색 바탕에 빨간 두 줄이 들어간 콩류가 친숙하지만 그 외에도 일본에는 약 200종, 세계적으로는 약 2만 여 종의 비단벌레가 있다.

비단벌레에 공통된 **금속처럼 반짝이는 질감은 몸의 겉면을 층층이 뒤덮은 여러 장의 막이 빛을 반사하면서 생겨난다.** 빛을 받는 각도에 따라 색이 다양하게 달라진다. **이 광채는 천적인 새를 물리치거나 햇빛을**

정보

- **분류**: 딱정벌레목 비단벌레과
- **크기**: 25~40mm
- **서식지**: 한국, 일본, 타이완

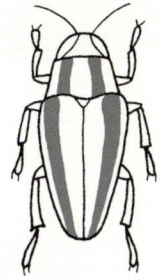

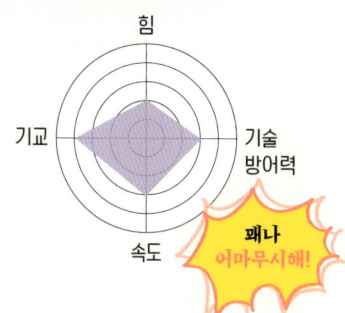

꽤나 어마무시해!

국보

인간한테는 역효과였나 봐.

💡 토막상식

비단벌레와 마찬가지로 금속처럼 광택이 감도는 벌레는 그 외에도 많아. 예를 들어 오세아니아에 서식하며 세상에서 가장 아름다운 사슴벌레라 불리는 뮤엘러리사슴벌레, 중남미에 서식하는 보석풍뎅이 등은 반들반들하고 반짝거려. 언뜻 쉽게 눈에 띨 듯하지만 주변 풍경을 반사하기 때문에 자연에 잘 녹아들어.

반사해서 체온 상승을 막아주는 역할도 한다.

다만 지나치게 아름다운 탓에 인간의 눈길을 끌고 만 것은 녀석들의 실수였다. 죽은 뒤에도 색이 바래지 않는 비단벌레의 날개는 예부터 장식품 등에 사용되어왔고, 특히 경주 신라고분인 천마총에서 비단벌레의 날개로 만든 공예품이 출토되기도 했으며, 현재는 천연기념물 제 496호로 지정되어 보호를 받고 있다.

풍뎅이의 일종인 보라금풍뎅이 역시 금속처럼 아름답게 반짝이는 곤충이고, 게다가 색깔도 다양하다는 점이 특징이다. **재미있게도 빨간색, 파란색, 초록색, 보라색 등, 지역에 따라 저마다 색깔이 다르다.**

이웃 일본에서는 전국적으로 불그스름한 녀석이 많으며, 예를 들어 교토 부근에는 초록색, 나라 부근에는 파란색 보라금풍뎅이가 서식하고 있다. 또한 녀석들의 중간쯤 되는 색깔을 띠는 콩도 존재한다.

참고로 아름다운 겉모습과는 반대로 보라금풍뎅이가 좋아하는 먹이는 사슴이나 너구리와 같은 동물의 똥이다. 암컷은 땅속에 파놓은 구멍에 똥을 채워 놓고 알을 낳는데, 애벌레는 그 똥을 먹으며 성장한다. 아름답지만 똥을 좋아한다는 뜻밖의 모습이 매력적이다.

💡 토막상식

같은 풍뎅이 무리로 콩, 포도 등의 꽃이나 이파리를 먹는 해충인 왜콩풍뎅이가 있어. 일본의 재래종이지만 1915년경, 화물에 섞여서 한국과 북아메리카에 침입했어. 천적이 될 곤충이나 동물이 없었기 때문에 크게 번식하여 농작물에 크나큰 피해를 끼치고 있기도 해. 그래서 '재패니즈 비틀'이라 불리며 위험한 곤충으로 취급받고 있어.

정보

- 분류: 딱정벌레목 금풍뎅이과
- 크기: 16~22mm
- 서식지: 한국, 일본, 시베리아 동부

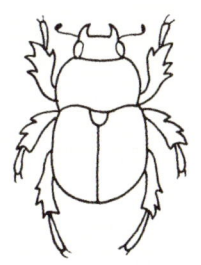

어마무시 등급

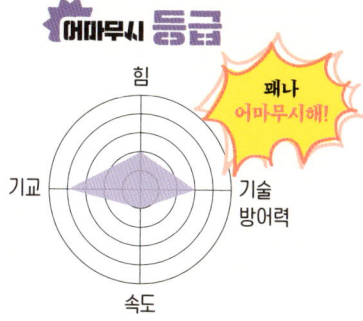

반짝이는 불빛으로 사랑의 메시지를 보낸다

빛나는 생물은 무척 많지만 대부분 먹잇감을 유인하거나 천적으로부터 몸을 지키기 위한 수단이다. 하지만 반딧불이는 수컷과 암컷이 만나기 위한 신호로 불빛을 사용한다.

반딧불이 중에서도 야행성 반딧불이만이 빛을 낸다. **종류에 따라 빛의 세기나 간격이 정해져 있기 때문에 불빛 신호로 종류가 같은 상대를 발견할 수 있다.**

정보

- **분류**: 딱정벌레목 반딧불이과
- **크기**: 10~16mm
- **서식지**: 일본 혼슈, 시코쿠, 규슈 (일본 특산종)

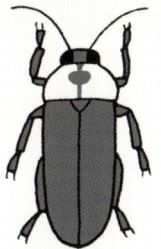

어마무시 등급

살짝 어마무시해!

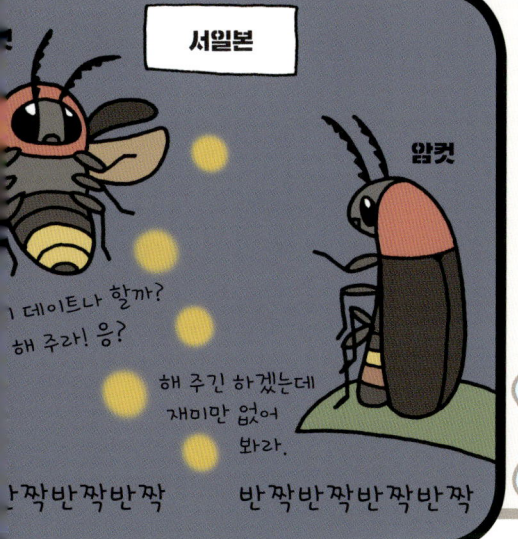

서일본

암컷

나 데이트나 할까? 해 주라! 응?

해 주긴 하겠는데 재미만 없어 봐라.

반짝반짝반짝 반짝반짝반짝반짝

토막상식

한국에는 약 80종의 반딧불이가 서식해. 그중에서 어른벌레가 빛을 내는 반딧불이는 약 15종이야. 사실 가장 유명한 늦반딧불이나 애반딧불이는 알, 애벌레, 번데기 단계에서도 빛을 내. 그 이유는 적으로부터 몸을 지키기 위해서야. 애벌레는 공격을 받으면 이상한 냄새를 내뿜으며 빛을 내는데, 이것은 '반짝이는 곤충은 냄새가 지독하다고. 먹어봐야 맛도 없어'라는 경고야.

주로 일본에 살고있는 겐지반딧불이는 수컷 여러 마리가 반짝이는 주기를 맞춰서 일제히 발광하는 습성이 있다. 이렇게 해서 멀리 떨어진 암컷에게까지 신호를 보낼 수 있다. **게다가 같은 겐지반딧불이라도 서일본은 간격이 2초인 반면 동일본은 3~4초라는 식으로 반짝이는 속도가 다르다는 사실이 밝혀졌다.** 이렇듯 반딧불이 사이에도 사투리가 있는 것이다. 참고로 암컷의 불빛은 평소에 약하다가 수컷의 구애에 응할 때 강해진다.

완벽하게 나뭇잎으로 변신하는 데 성공했어요

신체 구조가 어마무시해!

암컷 / 애벌레 / 암컷

여기서는 다 보인다고

암컷은 대체 어디에 있는 건지…

수컷

내 이름은 큰나뭇잎벌레야

나뭇잎으로 의태하는 수많은 곤충 중에서도 큰나뭇잎벌레는 특히 수준 높은 변장술을 자랑한다. 잎맥이나 벌레 먹은 부분, 절묘하게 찢어지고 시든 부분까지, 흉내 내기 나뭇잎 부문 챔피언이다. 하지만 나뭇잎과 꼭 닮은 것은 암컷뿐이다. 수컷도 나뭇잎과 닮기는 했지만 날기 위한 가느다란 몸과 날개가 의태를 방해한다. 번식을 위해서는 비행 기능을 버릴 수 없었던 것이다. 한편 암컷은 그 한계를 뛰어넘었다. 암컷은 비행 기능을 깨끗이 포기하고 의태에 전념했고, **그 결과, 한층 더 나뭇잎처럼 넓적하고 얄팍해질 수 있었다.** 게다가 개체에 따라 생김새나 색깔, 시든 부분까지 모두 다르기 때문에 **무리지어 있더라도 멋지게 자연에 녹아들 수 있다.**
참고로 암컷은 수컷이 없더라도 단독으로 번식할 수 있다. 대체 얼마나 뛰어난 걸까?

토막상식

곤충의 세계는 흉내 내기 챔피언들로 가득해. 나뭇가지 부문에서는 대벌레도 여간내기가 아니지만 나방의 일종인 몸큰가지나방의 애벌레는 놀랍게도 생김새뿐만 아니라 냄새까지 식물과 비슷하다고 해. 꽃 부문에서는 난초꽃을 닮은 난초사마귀의 유체가 유명하단다.

정보

- **분류** 대벌레목 잎사귀벌레과
- **크기** 약 110mm(암컷)
- **서식지** 말레이 반도, 동남아시아

어마무시 등급

꽤나 어마무시해!

바나나가 아니라 곤충이라고요

내 이름은 끝검은말매미충야

생김새 때문에 흔히 바나나벌레라고 불리는 끝검은말매미충은 매미와 가까운 무리로, 식물의 진액을 빨아먹는 곤충이다. 정원수 등의 이파리에 달라붙어 있는 모습을 볼 수 있다.

일본에서는 뭔가 거창한 느낌이 드는 '쓰마구로오요코바이'라는 이름으로 불린다. '쓰마구로'에서 '쓰마'는 일본의 전통복인 기모노의 옷자락을 뜻하고 '구로'는 검다는 뜻이니 날개 끝자락이 검다는 사실을 나타낸다. '오요코바

정보

- **분류**   매미목 매미충과
- **크기**   13mm 전후
- **서식지**   한국, 일본, 중국

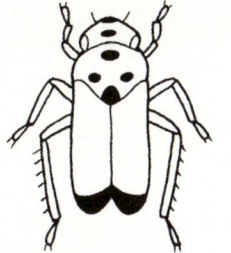

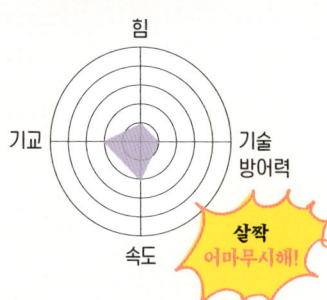

💡 토막상식

곤충의 이름은 생김새에 따라 붙여지는 경우가 많아. 예를 들면 바이올린처럼 생긴 '바이올린벌레', 목이 긴 '기린목바구미'가 있어. 혹잎벌레를 일본에서 부르는 이름인 '무시쿠소하무시'는 불쌍하게도 벌레(무시)의 똥(쿠소)을 닮았다 하여 붙은 이름이란다. 거저리도 아니고 무당벌레도 아닌 '가짜흑성무당거저리'라는, 마치 주문처럼 긴 이름의 곤충도 있어.

이'는 옆으로 기어가듯 이동한다는 사실에서 유래했다. 다시 말해 '옆으로 기어가는 옷자락이 검고 커다란 매미충'이라는 뜻이다.

곤충에서는 보기 드문 선명한 노란색 몸과 애교 넘치는 얼굴 때문일까? 아이들에게도 인기가 많다. 애벌레는 한층 더 사랑스럽게 생겼는데, 처음에는 반투명한 유백색이었다가 성장하면서 노란색으로 물이 든다. 투명한 느낌 때문에 **어른벌레가 바나나라면 애벌레는 꼭 젤리 같다.**

개성 넘치는 뿔이 3000가지나!?
수수께끼로 가득한 곤충

뿔매미는 매미의 일종으로 식물의 진액을 빨아먹으며 살아가는 기묘한 곤충이다. **가슴 부분이 뿔처럼 발달한 돌기를 지닌 곤충으로, 종류에 따라 뿔의 형태는 제각각이다.** 한국에 서식하는 뿔매미는 돌기가 도깨비 뿔처럼 생겼지만 세계적으로는 초승달처럼 생긴 뿔, 안테나처럼 생긴 뿔, 심지어 무엇을 닮았는지도 종잡을 수 없는 뿔 등, 기묘한 뿔을 지닌 뿔매미가 약 3000여종이다.

정보

- 분류　매미목
- 크기　6~9mm
- 서식지　한국, 일본, 중국

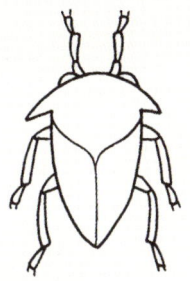

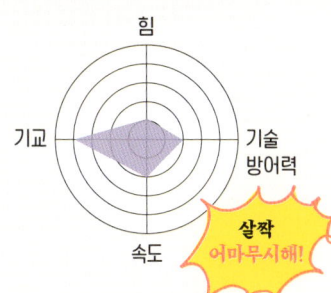

💡 토막상식

뿔매미를 사랑해마지않는 곤충이 있어. 바로 개미야. 뿔매미가 배출하는 배설물에는 식물의 진액에서 섭취한 당분이 잔뜩 포함되어 있는데, 개미는 이 달콤한 액체(단물)를 노리고 뿔매미를 따라다녀. 개미는 자신들이 좋아하는 단물을 내주는 뿔매미를 천적으로부터 지켜주거나 몸을 청결하게 유지하는 데 도움을 주기도 해. 무척 친밀한 관계지.

생김새가 개미나 벌을 닮은 종류도 있기 때문에 의태를 한 것으로 여겨지고 있다. 포식자로부터 몸을 지키기 위해 발달한 결과겠지만 **너무나도 기발한 생김새가 많다 보니 어떻게 사용하는지, 뿔의 형태에 의미가 있기는 한 것인지, 궁금한 점이 많다.** 곤충계의 미스터리이다.

친구들과 함께할 때는 야성적으로 변하지!

신체 구조가 어마무시해!

냠냠 냠냠 냠냠 냠냠 냠냠 냠냠 냠냠 냠냠 냠냠 냠냠 냠냠

무리살이

홀로살이

내 이름은 **풀무치**야

풀무치는 강가의 풀밭에서 볼 수 있는데, 튼튼한 턱으로 풀을 뜯어먹으며 적이 나타나면 잘 발달한 뒷다리로 힘껏 점프해서 도망친다. 이렇게 풀무치는 평화주의자에 가까운 메뚜기지만 무리를 지으면 바로 돌변한다.

평소에는 단독으로 생활하지만 친구가 잔뜩 늘어나 먹이가 적어지면 먹이가 많은 곳을 찾아 단체로 날아서 이동하는 경우가 있다. 무리를 이룬 메뚜기는 몸의 색깔이 거무스름해지고, 몸은 날씬해지며, 다리는 작게, 날개는 길게 변한다. 이는 날기 쉽게 하기 위한 변화로, 날씬해진 탓인지 얼굴도 무서운 인상으로 바뀌고, 성질도 공격적으로 변한다.

해외에서는 농작물에 큰 피해를 입혀서 식량 부족 문제나 기근을 일으키기도 한다. 예전에는 한국이나 일본에서도 피해를 입은 적이 있었지만 지금은 찾아볼 수 없다.

토막상식

메뚜기는 초식 곤충이지만 메뚜기의 일종인 여치나 귀뚜라미는 초식도 육식도 아닌 잡식성이야. 굳이 따지자면 육식에 가깝기 때문에 같은 환경에 놓아두면 메뚜기가 잡아먹혀. 둘을 함께 키울 때는 각기 다른 사육장에 넣어두도록 하자.

정보

- 분류: 메뚜기목 메뚜기과
- 크기: 35~65mm
- 서식지: 한국, 일본, 중국, 인도, 유라시아 대륙, 아프리카

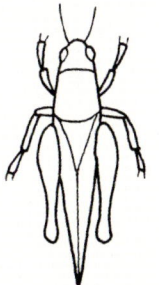

어마무시 등급

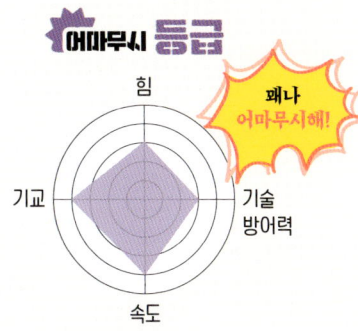

꽤나 어마무시해!

힘 / 기교 / 기술 방어력 / 속도

긴수염대벌레는 나뭇가지와 똑같이 의태하는 곤충이다. 아무리 나뭇가지처럼 보이기 위해서라지만 너무 길고 가느다란 다리를 보면 똑 부러질 것 같아 가슴이 조마조마하다.

하지만 긴수염대벌레에게 그 정도는 예상한 일이다. **녀석들의 다리는 본래 마디 부분에서 쉽게 빠지도록 되어 있어서,** 여차 하면 다리를 희생하고 도망친다. 게다가 애벌레 시기에는 탈피할 때마다 다리가 재생되기

정보

- 분류: 대벌레목 긴수염대벌레과
- 크기: 65~112mm
- 서식지: 한국, 일본, 타이완

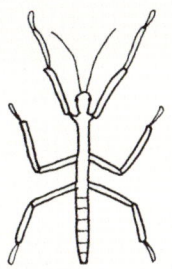

어마무시 등급

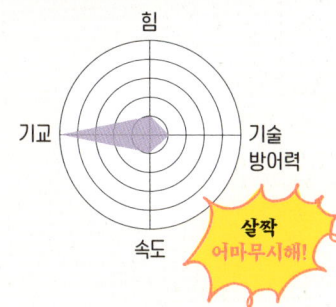

살짝 어마무시해!

따라란.

토막상식

긴수염대벌레는 장소에 따라 수컷이 전혀 보이지 않을 때가 있어. 수컷이 없는 곳에서는 암컷 혼자서 알을 낳는 단위생식을 한다고 해. 참고로 긴수염대벌레의 알은 동그랗고 단단한 것이 식물의 씨앗과 꼭 닮았어. 알까지 식물을 닮게 하다니, 감탄할 만큼 철저해.

때문에 걱정할 필요가 없다.
다만 이형재생이라 하여, 이따금 전혀 다른 기관이 재생되는 경우가 있다. 이를테면 뒷다리가 돋아나야 할 곳에 뜬금없이 앞다리가 생기는 것이다. 하지만 목숨보다 소중한 건 없다. 긴수염대벌레에게는 이 또한 예상한 일. '몸을 숨기기에는 아무 문제 없어'라며 무시할 수도 있는 것이다.

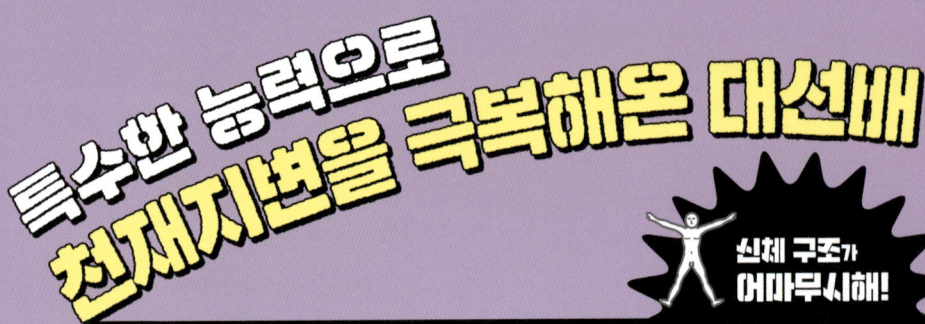

납작한 몸에 긴 더듬이, 재빠른 움직임까지, 하나부터 열까지 모두 징그럽다며 미움을 받는 바퀴지만 이런 특징이야말로 바퀴가 지닌 특수한 능력이다.

바퀴는 무려 3억 년 전부터 지금과 거의 다르지 않은 모습으로 지구상에 존재했다. 인류의 선조인 영장류가 약 7천만 년 전에 나타났으니 인간의 눈으로 보자면 대선배이다. **본래 숲에서 사는 곤충인 바퀴는 썩은 나무나 낙엽을 먹고 흙으로 돌려보내 삼림을 청소해준다는 점에서 지구에 무척 중요하다.** 환경을 파괴하는 인간과는 격이 다르다.

이렇게 존경받아 마땅한 바퀴의 선배는 어떤 틈새라도 파고드는 몸통, 공기의 흐름을 민감하게 감지하는 더듬이, 생각하기 전에 먼저 움직이는 운동신경을 이용해 **싸우지 않고 살아남는 법을 터득한 선택받은 곤충이다.**

💡 토막상식

전 세계에서 볼 수 있는 바퀴지만 가정집에 서식하는 종은 사실 소수야. 아름다운 금녹색 몸을 지닌 바퀴도 있고 무당벌레 같은 무늬가 그려진 '노랑무당바퀴', 새하얀 등에 웃는 얼굴 같은 무늬가 그려진 '웃는바퀴'라는 이름의 귀여운 녀석도 있어.

정보

- **분류** 바퀴목 바퀴과
- **크기** 25~30mm
- **서식지** 한국, 일본, 중국

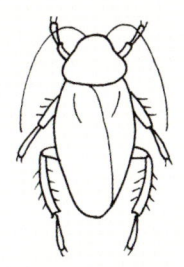

어마무시 등급

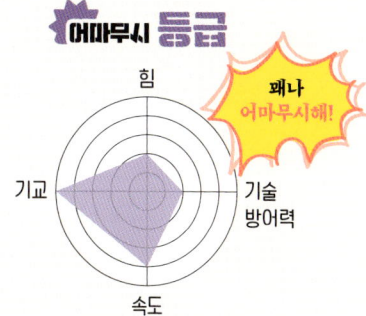

패나 어마무시해!

우리 임금님과 여왕님은 오래 살기로 유명해요

신체 구조가 어마무시해!

불조심

여왕님 만세!

어머 세상에나... ♥

10살 축하해요.

내 이름은 흰개미야

흰개미는 '개미'라는 이름이 붙었지만 개미가 아닌 바퀴와 가까운 무리다. 목재를 먹기 때문에 일본에서는 목조 가옥을 갉아먹는 해충으로 미움을 받고 있다.

하지만 자연에서는 죽은 나무 따위를 분해하여 다시금 식물에게 영양분을 만들어준다. 역시 바퀴의 친척답다. 인간에게 받는 취급이나 자연계에서 맡은 역할이 꼭 닮았다.

흰개미는 알을 낳는 여왕과 여왕의 번식 상대인 수컷(왕), 그리고 일개미나 병정개미 등이 집단으로 사회생활을 한다. 왕과 여왕은 항상 개미집 깊은 곳에 있기 때문에 생태는 밝혀지지 않은 점도 많지만, **수명은 10년 이상으로 꽤나 장수하는 곤충이다.**

하지만 이 세상에는 훨씬 더 오래 사는 흰개미도 있는데, **아프리카에는 40년 넘게 사는 여왕개미도 있다.** 위에는 또 위가 있는 법이다.

💡 토막상식

해외에는 거대한 개미집을 짓는 흰개미도 있어. 버섯흰개미류는 높이가 10미터에 이를 정도로 거대한 성을 짓기도 해. 흙과 일개미의 침, 배설물을 섞어서 만드는데, 벽돌처럼 단단하단다. 버섯흰개미는 이 안에서 흰개미버섯이라 불리는 버섯을 재배해.

정보

- **분류**: 흰개미목 흰개미과
- **크기**: 3.5~6mm (일개미) / 11~15mm (여왕개미)
- **서식지**: 한국, 일본, 중국, 타이완, 동남아시아

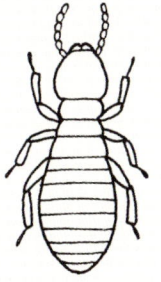

어마무시 등급

살짝 어마무시해!

닌자 하면 떠오르는 '물거미의 술법'은 소금쟁이처럼 물 위를 걷는 기술이다. 하지만 소금쟁이를 우습게 봐선 안 된다. 오랜 세월을 거치며 물 위에서 살아갈 수 있는 몸을 손에 넣었기 때문이다.

소금쟁이가 물에 뜨는 이유는 우선 몸이 가늘고 가볍기 때문이다. 그리고 물에 닿는 부분은 오로지 다리뿐인데, **그 다리에 난 가느다란 털에는 공기를 저장할 수 있기 때문에 물을 밀어내며 떠 있을 수 있다.**

💡 토막상식

소금쟁이를 발견할 수 있는 장소라 하면 강이나 연못, 물웅덩이 등이 있지만 이게 웬걸, 너른 바다로 진출한 소금쟁이도 있어. 바다소금쟁이라는 종류로, 비교적 따뜻한 바다에 서식해. 거친 파도에 이겨낼 수 있는 긴 다리를 지녔으며, 만에 하나 바닷물에 삼켜질 때를 대비해서 몸에 난 가느다란 털에는 공기를 저장할 수도 있어.

또한 다리에 난 털에는 감각모가 포함되어 있어서 수면의 진동을 날카롭게 감지하고, **먹잇감이 물 위로 떨어지면 다리를 통해 물결의 위치나 방향을 감지할 수 있다.** 그리고 날개가 있어서 날 수 있다는 점이 최고의 성공 비결이다. 물이 마르더라도 곧장 다른 장소로 날아갈 수 있기 때문이다.

정보

- **분류** 노린재목 소금쟁이과
- **크기** 11~16mm
- **서식지** 한국, 일본, 중국, 타이완, 동부시베리아

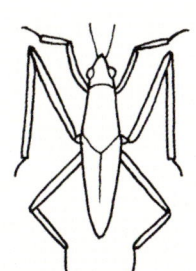

어마무시 등급

살짝 어마무시해!

다른 곤충과는 조금 달라, 왜냐하면 갑각류거든

공원이나 마당에서 쉽게 찾아볼 수 있으며 흔히들 '콩벌레'라 부르는 이 녀석은 공벌레다.

너무나도 친숙하기 때문에 예전부터 있었던 생물 같지만 사실 공벌레가 한국이나 일본으로 건너온 시기는 19~20세기라 하니 여기에 사는 생물 중에서는 새내기이다. **심지어 곤충도 아니고, 새우나 게와 같은 갑각류이다.**

공벌레는 마른 나뭇잎이나 썩은 나무를 먹는 초식성이다. 남을 공격할 힘도

정보

- 분류: 등각목 공벌레과
- 크기: 10~14mm
- 서식지: 세계 각지

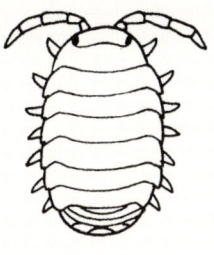

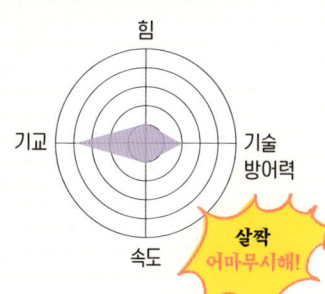

독창적인 특기

데굴데굴.

💡 토막상식

공벌레 중에는 파란색을 띤 녀석이 있어. 하지만 파란 품종이 따로 있는 것이 아니라 바이러스 때문이야. 이리도바이러스과의 병원체에 감염되면 점차 몸의 색깔이 파랗게 변해. 감염된 공벌레는 그다지 오래 살지 못한다고 하지만 감염력이 약해서 사람이나 반려동물과 같은 동물에 옮는 경우는 없어.

없어서 무슨 일이 벌어지거든 몸을 동그랗게 말아 위험을 피하려 한다. **갑각류답게 새우나 게와 마찬가지로 키틴질 껍질이 몸을 둘러싸고 있다.** 만만찮은 방어력을 이용해 살아남았다. 또한 알을 낳는 방법도 특이한데, 배에 달린 주머니 속에 알을 낳고, 부화할 때까지 알을 품은 채 생활한다.

아이들에게 인기가 많은 공벌레(120쪽)처럼 생겼지만 둥글풍뎅이를 본다면 그 인기를 빼앗길지도 모른다.

둥글풍뎅이는 열대~아열대 지역, 일본에서는 규슈나 난세이 제도에 서식하는 풍뎅이다. **위험을 느끼면 공벌레처럼 몸을 동그랗게 마는데, 몸을 접는 방식이 그야말로 변신 로봇과 비슷하다.** 가슴 부분과 배 부분의 경계에서 몸을 ㅅ자로 구부린 다음, 밖으로 돌출된 커다란 다리를 '찰칵!', '철커덕!' 하고 빈 곳에 꼭 맞게 집어넣는다. 물론 이런 효과음은 나지 않지만 **변신 로봇처럼 몸을 동그랗게 마는 방식에 홀딱 반하는 사람이 계속해서 나타나고 있다.**

몸을 접은 형태는 타원형이어서 공벌레만큼 동글동글하지는 않지만, 표면이 매끄럽기 때문에 천적인 개미도 쉽게 옮기지 못한다.

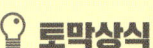

💡 토막상식

몸을 동그랗게 마는 둥글이파를 살펴보면 놀랍게도 바퀴 중에도 동그랗게 변신하는 종이 있어. 대만이나 일본의 규슈 남부에 서식하는 애둥글바퀴 암컷은 위험을 느끼면 몸을 또르륵 말고 다리와 더듬이도 집어넣어. 동그랗게 변한 모습이 꼭 농구공 같아. 날개가 없는 암컷에게만 가능한 기술이란다.

정보

- 분류: 딱정벌레목 둥글풍뎅이과
- 크기: 5mm
- 서식지: 일본, 타이완, 동남아시아

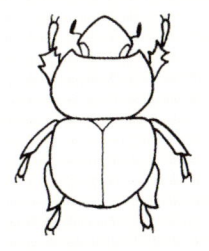

어마무시 등급

패나 어마무시해!

눈을 깜빡이는 속도보다 빠르게 방향을 바꿀 수 있어요

신체 구조가 어마무시해!

내 이름은 집파리야

파리를 때려잡으려는 인간과 도망치는 파리. 오래전부터 이어져온 인간과 파리의 싸움이지만 우리는 무모한 싸움에 도전해왔는지도 모른다.

파리의 비행능력은 곤충 세계에서도 손에 꼽힐 정도로 무척 뛰어나다. 이를 테면 인간의 공격을 휙 피하는 행동은 **100분의 1초보다 빠른 속도로 방향을 바꾸는 것이다.** 움직이는 물체(날아오는 파리채)에 반응해 **비행 속도를 최대한으로 끌어올리는 시간 역시 인간이 눈을 깜빡이는 속도보다**

정보

- **분류** 파리목 집파리과
- **크기** 6~8mm
- **서식지** 한국, 일본, 중국, 타이완, 동남아시아, 유라시아

어마무시 등급

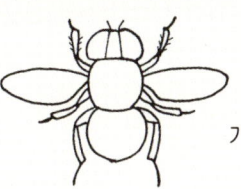

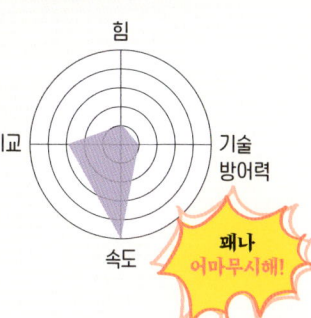

패나 어마무시해!

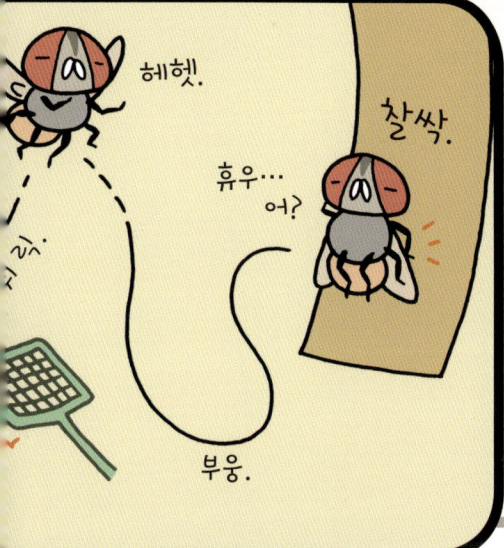

💡 토막상식

파리의 특징이라 하면 앞다리를 싹싹 문지르는 동작이 있지만, 이것은 다리에 붙은 먼지 따위를 털어내는 행동이야. 파리의 다리는 사실 성능이 무척 뛰어난데, 벽에 딱 달라붙을 수 있도록 다리 끝에서는 끈끈한 액이 나오고, 심지어 맛을 느끼는 기관까지 다리 끝에 있어. 먼지가 붙어 있으면 귀한 재주도 쓸모가 없어지지. 파리가 열심히 청소를 하는 이유란다.

월등히 빠르다. 이러니 한창 눈으로 쫓던 파리가 갑자기 사라진 것처럼 느껴질 만도 하다.

해외에서는 이와 같은 파리의 능력을 소형 로봇을 개발하는 데 응용하기 위해 연구를 진행하고 있다. 파리는 어느새 싸워야 할 상대가 아니라 가르침을 청해야 할 선생님이 되었다.

모르포나비는 중남미에 서식하는 나비다. 푸르스름한 광채를 내뿜으며 날아다니는 그 아름다운 모습 때문에 '세계에서 가장 아름다운 나비', '숲의 보석' 등으로 불린다. **각도에 따라 신비롭게 반짝거리는 독특한 날개는 특정한 파장의 빛만을 반사하는 '구조색' 때문이다.** 날개의 비늘가루는 올록볼록한 구조로 되어 있는데, 이 부분이 빛을 받으면 파랗게 보인다.

아름답게 빛나는 것은 오로지 수컷으로, **자신을 드러내는 주된 이유는 암컷에게 보여주기 위해서다.** 지나치게 튀었다간 천적에게도 쉽게 발견되고 말 듯하지만 날개의 뒷면은 수수한 갈색이기 때문에 날개를 접은 채 앉아 있으면 잘 눈에 띄지 않는다.

반짝거리는 수컷에 비해 암컷은 윤기 하나 없는 수수한 색깔이다. 하지만 이는 나비 세계에서는 당연한 일이다. 알을 낳아야 하는 암컷이 눈에 잘 띄었다간 위험하기 때문이다.

> 💡 **토막상식**
>
> 아름다운 나비라 하면 아그리아스나비 역시 빼놓을 수 없어. 아그리아스나비 무리는 날개의 색깔이나 무늬가 무척 다양한데, 수십 가지가 넘는다고 해. 한 종의 나비에서 이토록 다채로운 색깔의 변이가 나타나는 일은 드물어. 남미에 서식하는 투명뱀눈나비 역시 유리처럼 투명한 날개를 지닌 아름다운 나비야.

정보

- 분류   나비목 네발나비과
- 크기   148~156mm
- 서식지 남미

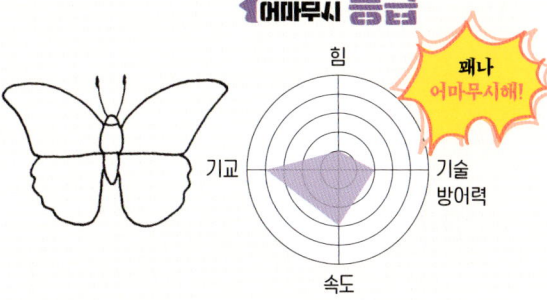

어마무시 등급

패나 어마무시해!

투명한 껍데기를 뒤집어쓰고 있으며 배 부분과 가슴 부분은 반짝거리는 금색. 어딘지 모르게 UFO를 연상시키는 모습의 금자라남생이잎벌레는 머지않은 미래에서 찾아온 듯한 분위기를 풍기는 불가사의한 곤충이다.

반짝거리는 곤충의 대표 주자인 비단벌레(98쪽)는 죽어서도 몸에서 광택이 사라지지 않지만 금자라남생이잎벌레는 **죽으면 광채를 잃고 몸 전체가 탁한 갈색으로 변하고 만다. 이는 몸 안의 수분을 조절해서 색깔을 만들어내기 때문이다.** 해외에는 스트레스를 받으면 빨갛게 색이 변하는 콩류도 있다.

어른벌레의 모습도 신기하게 생겼지만 애벌레 역시 만만치 않게 신기한데, 탈피할 때마다 허물을 등에 얹고 다니는 습성이 있다. 이는 자신의 몸을 지키기 위해 방패처럼 사용하는 것이다. 어른벌레와는 또 다른 의미로 기묘한 모습에 놀라움을 감출 수 없다.

💡 토막상식

곤충은 온갖 방법을 이용해 스스로를 지키려 하는데, 놀랍게도 자신의 오줌으로 거품을 내서 몸을 숨기는 곤충도 있어. 거품벌레의 애벌레는 식물에 주둥이를 찔러 넣으면 그 뒤로는 거의 움직이지 않아. 그렇기 때문에 빨아들인 수분과 배설물을 섞어서 만들어낸 거품으로 자신을 감싸 몸을 숨기는 거야. 참고로 개미가 이 거품 안에 들어가면 익사한다고 해.

정보

- 분류: 딱정벌레목 잎벌레과
- 크기: 7~9mm
- 서식지: 한국, 일본, 중국, 타이완, 시베리아

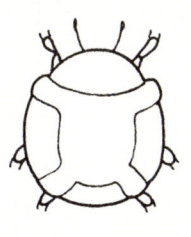

어마무시 등급

살짝 어마무시해!

힘 / 기교 / 기술 방어력 / 속도

코끼리에게 밟혀도 끄떡없지!
세계에서 가장 단단한 곤충

신체 구조가 어마무시해!

살아남아라…

저 녀석들은 딱딱하고 맛도 없잖아. 포기하자…

감사합니다, 선배!

내 이름은
별박이보석바구미야

별박이보석바구미는 코끼리 코 같은 주둥이를 지녔으며 사람이 손가락으로 세게 눌러도 꿈쩍도 않을 만큼 딱딱한 곤충이다. 세계에서 가장 단단한 곤충으로 불리는데, 표본용 바늘이 들어가지 않을 정도이다.

그렇게 딱딱한 별박이보석바구미이다 보니 **천적인 새 역시 삼킨다 하더라도 소화시키지를 못해 위장이 상하고 만다.** 한 번 따끔한 맛을 본 새는 두 번 다시 그 곤충을 먹지 않게 된다. 그 사실을 알아서인지는 모르겠지만 마치 자신의 존재를 드러내는 것처럼 몸 색깔이 무척이나 화려하다는 점 역시 별박이보석바구미의 특징이다. 물방울무늬나 줄무늬, 체크무늬 등, 자연적으로 생겨났다고는 믿기지 않을 정도로 아름다운 무늬는 몇 번을 봐도 지겹지 않다. 자신도 딱딱한 것처럼 속이기 위해서 별박이보석바구미의 무늬를 흉내 내는 곤충도 있다. 이유야 어찌되었든 별박이보석바구미는 곤충계의 패션 리더이다.

토막상식

바구미 무리는 현재 알려진 종류만 하더라도 전 세계에 6만 여종이나 돼. 이는 모든 동물종의 20분의 1을 차지하는 비율로, 생물계에서도 남달리 번성한 종이라 할 수 있어. 그중에서도 특히 아름답다 여겨지는 녀석이 바로 보석바구미야. 이름처럼 몸 색깔이 보석같이 아름다운데, 열쇠고리나 목걸이 등에도 이용되고 있어.

정보

- 분류: 딱정벌레목 바구미과
- 크기: 11~15mm
- 서식지: 필리핀, 대만, 인도네시아

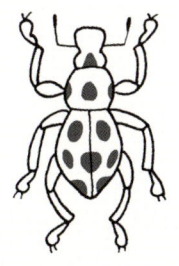

어마무시 등급

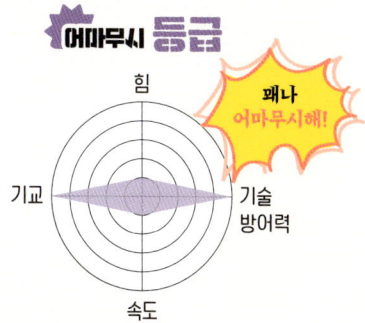

패나 어마무시해!

힘 / 기술 / 방어력 / 속도 / 기교

날개는 날기 위해서가 아니라 소리를 내기 위해 있는 거예요

방울벌레는 가을이면 '리리링~ 리리링~' 하고 아름다운 소리를 들려준다. 야행성이므로 밤중에 울음소리를 따라서 찾아보면 풀숲을 돌아다니는 방울벌레와 만나게 될지도 모른다.

방울벌레는 날개가 있지만 날지 못하고, 애벌레일 때는 4장의 날개가 달려 있지만 어른벌레가 되면 2장의 뒷날개는 떨어지고 만다. 뒷날개를 떼어낸 **수컷은 앞날개를 마찰시켜서 소리를 내며 암컷에게 '나 여기 있어~'**

정보

- 분류: 메뚜기목 귀뚜라미과
- 크기: 15~17mm
- 서식지: 한국, 일본, 중국 동아시아

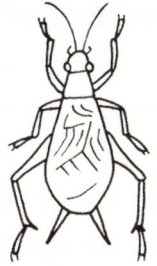

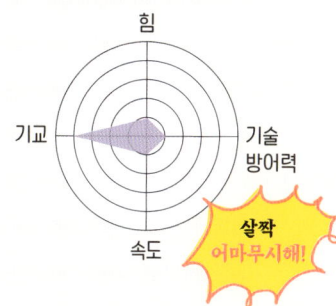

살짝 어마무시해!

스테레오.
귀
암컷

💡 토막상식

마찬가지로 울음소리로 연주를 하는 귀뚜라미 역시 소리를 내기 위해 날개를 사용해. 그리고 방울벌레와 귀뚜라미 모두 구애할 때뿐만 아니라 위협용으로 울기도 하는데, 각각 다른 방식으로 운단다. 방울벌레는 구애할 때 '리리링~ 리리링~' 하고 울고, 위협할 때는 '링~' 하고 울어. 왕귀뚜라미는 구애할 때 '귀뚤귀뚤~' 하고 울지만 위협할 때는 강하게 '귀뚜르르르~' 하고 울지.

하고 신호를 보낸다. 방울벌레의 날개는 소리를 내기 위한 것이다.

대부분의 곤충은 소리를 듣는 능력이 없다고 하는데, 방울벌레는 어떨까? 정답은 '있다'다. 방울벌레는 **다리에 고막이 달려 있기 때문이다.** 아무리 사랑의 메시지를 보내봐야 들리지 않는다면 전혀 소용이 없을 테니까.

4

어마어마하고 무시무시한 먹이  종류!

인간은 상상조차 할 수 없는 이런 저런 먹이들.
알고 보면 먹을 만하다는 사실을 처음으로 알아낸
곤충은 정말로 위대하다.

달팽이는 곤충이 아니라 소라 등의 고둥과 가까운 조개무리이고, 본래는 물속에서 지냈다. 그러니 등에 달린 껍질은 짊어지는 것이 아니라 태어날 때부터 달고 나온 것이다. 성장하면서 함께 커지는 껍질은 몸이 마르지 않도록 막아주는 중요한 역할을 맡고 있다.

달팽이의 주식은 식물의 잎이다. **작은 이빨이 1만 개 이상 박혀 있는 치설을 이용해 오물오물 먹어치운다.**

껍질을 만들어 내려면 칼슘이 반드시 필요하다. 자연에서는 석회암을 먹지만 길거리에서 석회암을 발견하기란 어렵다. 그러니 인간 세상에서 살아가는 달팽이가 선택한 식재료는 바로 콘크리트였다. **달팽이는 젖은 콘크리트에서 흘러나온 칼슘을 핥아먹으며 껍질에 필요한 영양분을 보충한다.**

토막상식

달팽이의 껍질은 언제나 반들반들 윤이 나. 사실 달팽이 껍질의 표면에는 작디작은 돌기가 잔뜩 돋아나 있는데, 여기서 생겨나는 물의 막이 때를 튕겨낸단다. 이러한 달팽이 껍질의 구조는 빌딩의 외벽이나 주방 싱크대 등에 응용돼.

정보

- **분류** 달팽이목 달팽이과
- **크기** 껍질의 크기 약 35mm
- **서식지** 한국, 일본, 중국, 타이완, 동남아시아

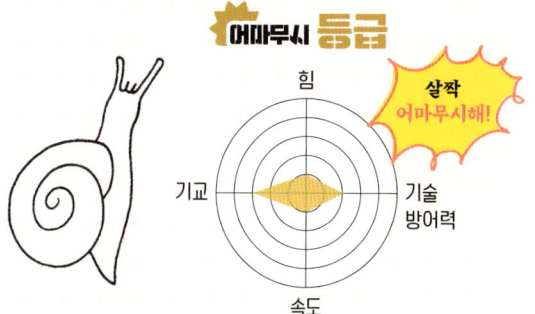

어마무시 등급 — 살짝 어마무시해!
(힘 / 기교 / 기술 방어력 / 속도)

달팽이를 먹으려고 날씬해졌어요

먹이 종류가 어마무시해!

내 이름은 곤봉딱정벌레야

이따금 길바닥을 둘러보면 떨어져 있는 텅 빈 달팽이 껍질이 눈에 띈다. 물론 달팽이가 벗어버린 것은 아니고, 바로 죽은 달팽이가 남긴 껍질이다. 그 범인은 어쩌면 곤봉딱정벌레일지도 모른다.

곤봉딱정벌레는 딱정벌레 중에서도 가슴 앞쪽이 유독 날씬하게 생겼다. 사실 이 형태는 달팽이 껍질에 머리를 밀어 넣기에 안성맞춤이다.

그렇다. 곤봉딱정벌레가 날씬한 것은 달팽이를 먹기 위해 진화한 결과라고

정보

- **분류**: 딱정벌레목 딱정벌레과
- **크기**: 26~65mm
- **서식지**: 일본 홋카이도~규슈

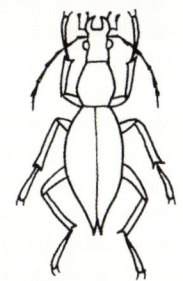

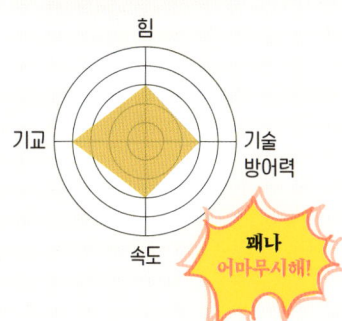

꽤나 어마무시해!

뒤집어씁니다.

애벌레도 뒤집어쓴답니다.

토막상식

달팽이가 남긴 텅 빈 껍질을 유용하게 이용하는 곤충도 있어. 일본의 고유 종인 참민뿔가위벌은 달팽이 껍질 안에서 짝짓기를 하고 그대로 알을 낳아. 껍질 안에 알을 낳아서 붙여놓는단다. 껍질 속이 안전하기는 하겠지만 제때에 텅 빈 껍질을 발견하기란 무척 어려워 보여.

생각된다.
곤봉딱정벌레는 육식성으로, 좋아하는 먹이는 당연히 달팽이다. **껍질의 입구에 머리를 집어넣고 내용물을 맛있게 먹는다.** 곤봉딱정벌레는 한국에서는 살고 있지 않는데 일본에서 부르는 이름은 '마이마이카부리'로, 마치 달팽이(마이마이) 껍질을 뒤집어쓴(카부루) 것 같다 하여 붙은 이름이다.

밥만 먹었는데 사람들이 고마워하네

먹이 종류가 어마무시해!

앗!

꺄악~!

진딧물 그만 먹어!

우리한테는 해충이라고!

먹이를 주는 친구인데…

내 이름은 칠성무당벌레야

무당벌레는 귀여운 생김새와 태양을 향하듯 높은 곳으로 올라가는 좋은 의미 때문에 사람들에게 사랑을 받아왔다. 아이들도 농부들도 모두 무당벌레를 좋아했다.

다만 농부들이 주목한 점은 그 식욕이다. **무당벌레는 애벌레와 어른벌레 모두 진딧물 무리를 먹는데, 어른벌레이라면 하루에 수십 마리의 진딧물을 잡아먹는다.** 무당벌레의 눈으로 보자면 **진딧물도 자신의 얼굴만 한 크기다. 그런 녀석들을 수십 마리나 먹다니, 굉장한 푸드 파이터다.** 농가에서는 유기농 채소를 재배하기 위해 칠성무당벌레를 밭에 풀어놓기도 한다.

참고로 여름에 보기 힘들어지는 이유는 '여름잠'을 자기 때문이다. 낙엽 밑 같은 서늘한 곳에서 쉬고 있으니 가만히 내버려둬야 한다.

💡 토막상식

무당벌레는 사랑스러운 외모와는 달리 알고 보면 독까지 지닌 곤충이야. 위험을 느끼면 다리 관절에서 고약한 냄새가 나는 노란색 액체를 내. 천적인 새에게 이 액체는 무척 떫은 물질이지. 일단 입에 삼키더라도 금세 뱉어버려. 한 번 쓴맛을 본 새는 무당벌레를 공격하지 않게 된단다.

정보

- **분류** 딱정벌레목 무당벌레과
- **크기** 5~9mm
- **서식지** 한국, 일본, 아시아, 유럽, 아프리카

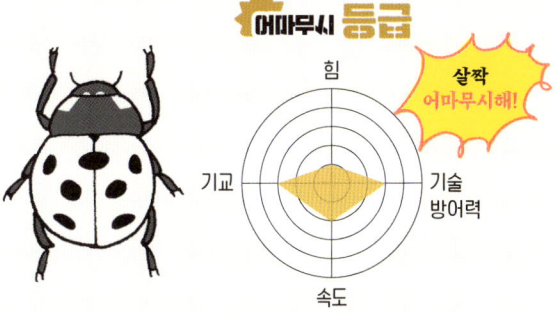

어마무시 등급

살짝 어마무시해!

힘 / 기교 / 기술 방어력 / 속도

세상에는 다양한 나비가 있지만 특히 열대지방은 아름다운 날개를 지닌 대형 나비의 보물창고다. 그중에서도 뉴기니섬 주변에 서식하는 제왕비단나비는 세계 최대급의 크기를 자랑하는 호랑나비다.

제왕비단나비는 서식하는 지역에 따라 색깔이나 무늬가 다르며, 앞쪽 뒤쪽 모두 화려한 색깔을 띤 아름다운 나비다. 이 나비는 애벌레 시절에 쥐방울덩굴이라는 독을 지닌 식물류를 먹는다. **일부러 독을 먹어서 자신의 몸 안에 독을 저장한다.**

이 독은 어른벌레가 되어서도 여전히 남아 있다. 몸 안에 간직하고 있을 뿐이니 만져도 해가 되지 않지만 새가 먹으면 당연히 구토 등의 피해를 일으킨다. **알록달록한 날개는 '나 독 있어'라는 경고의 의미도 있다.**

토막상식

한국에도 제왕비단나비와 가까운 무리가 살고 있어. 바로 사향제비나비야. 애벌레는 마찬가지로 쥐방울덩굴을 먹기 때문에 애벌레와 어른벌레 모두 독을 품고 있단다. 일본의 난세이 제도에서는 지역에 따라 날개의 색깔과 무늬가 다른 지역적 변이도 찾아볼 수 있어. 참고로 독을 지닌 사향제비나비의 모습을 흉내 낸 제비나비붙이는 나비가 아니라 나방이야.

정보

- 분류 나비목 호랑나비과
- 크기 70~150mm
- 서식지 인도네시아, 호주, 파푸아뉴기니 등

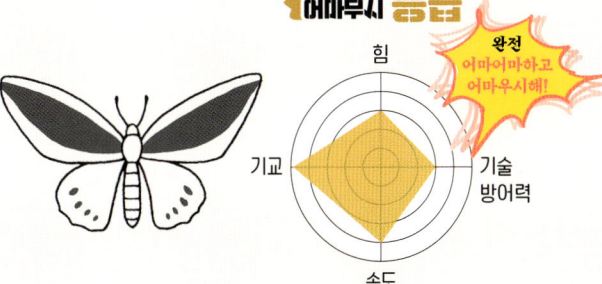

어마무시 등급

힘 / 기교 / 기술 방어력 / 속도

왕전 어마어마하고 어마우시해!

수액이든 똥이든 잘 먹어요!
알고 보면 야무진 나비

먹이 종류가 어마무시해!

내 이름은 왕오색나비야

왕오색나비는 한국에서도 많이 살고 있지만, 특히 일본을 대표하는 나비로 지정되어 있다. 암컷은 수수한 색이지만 수컷은 아름답고 선명한 청자색 날개를 지니고 있다. 하지만 예쁘기만 한 것은 아니고, 꽤나 억척스러운 나비다.

왕오색나비는 상수리나무나 졸참나무의 수액을 빨아 마시지만 달콤한 수액은 장수풍뎅이나 말벌도 무척 좋아하는 곤충 세계의 인기 메

정보

- 분류: 나비목 네발나비과
- 크기: 45~60mm
- 서식지: 한국, 일본

어마무시 등급

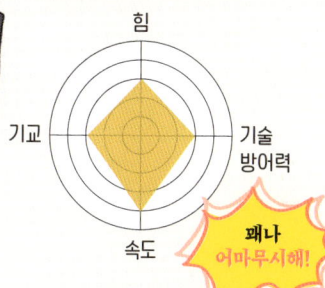

힘 / 기교 / 기술 방어력 / 속도

꽤나 어마무시해!

맛있어~!
보기와는 다르네요.
꼬옥.

💡 토막상식

국화나 국조(國鳥) 등으로 선발되려면 전국 각지에 분포되어 있으며 모두에게 친숙해야 해. 일본을 상징하는 나비로는 왕오색나비 외에도 호랑나비나 왕나비 등이 후보에 올라 있었어. 여기서 왕오색나비가 선정된 데에는 우표가 결정적인 영향을 미쳤어. 일본에서는 1956년에 처음으로 나비를 소재로 한 우표가 발행되었는데, 이때 우표에 그려진 나비가 바로 왕오색나비였기 때문이야.

뉴이다. 수액을 둘러싸고 다툼이 벌어지면 왕오색나비는 커다란 날개를 힘껏 펄럭여서 공격한다. 천하의 말벌마저 쫓아버릴 만큼 강력하다.
그리고 수액 말고도 썩은 과일이나 동물의 똥을 먹기도 한다. "이렇게 예쁜 나비가 똥을 먹는다고?" 하고 충격을 받을 수도 있겠지만 이건 미네랄을 보충하기 위한 행동이다. 더럽다는 생각은 인간의 고정관념일지도 모르겠다.

사슴벌레라 하면 보통은 수액을 즐겨 먹지만 개중에는 풀 위에서 생활하며 풀의 진액을 빨아먹는 사슴벌레도 있다.

뉴기니섬에 서식하는 아돌피네뿔솟은사슴벌레는 콩과의 식물을 좋아하는 사슴벌레다. 금색, 초록색, 빨간색, 파란색, 보라색 등, 개체의 색깔이 다양하여 '보석 같은 사슴벌레'로 유명하지만, 그 아름다운 모습은 물론이거니와 식사 방식 또한 흥미롭다.

아돌피네뿔솟은사슴벌레의 앞다리는 끝부분이 부채꼴 형태의 칼처럼 생겼다. 우선 큰턱으로 잎을 물어 고정시킨 뒤, **두 다리에 달린 칼을 맞비벼서 줄기나 잎을 잘라내 진액을 빨아먹는다.** 참고로 다리에 칼이 달려 있지 않은 암컷은 줄기나 잎을 잘라내지 못하기 때문에 수컷의 곁에서 진액을 빨아먹는다.

토막상식

인도네시아에 서식하는 메탈리퍼가위사슴벌레는 이름에서 알 수 있듯이 금속(메탈)처럼 반들거리는 몸체와 전체 크기의 절반에 가까운 큰턱을 지닌, 무척 늠름한 생김새의 사슴벌레야. 이 사슴벌레 역시 풀을 무척 좋아해. 산석류 꽃이나 동백나무 새싹의 진액을 즐겨 먹어.

정보

- 분류: 딱정벌레목 사슴벌레과
- 크기: 22~50mm
- 서식지: 뉴기니섬

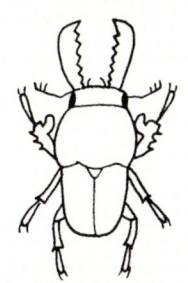

어마무시 등급 — 꽤나 어마무시해!
힘 / 기교 / 기술 방어력 / 속도

똥에서 태어나 똥을 먹고 똥을 굴린다

먹이 종류가 어마무시해!

무슨 구경났어?

이집트에서는 신성한 곤충이라고.

내 이름은 왕소똥구리야

풍뎅이 중에는 동물의 똥을 먹는 종류가 있는데, 똥으로 공을 만들어서 굴리는 습성을 지닌 무리를 왕소똥구리라고 한다. 흔히들 쇠똥구리라고도 부른다. **똥이 주식이라는 사실만으로도 충분히 충격적인데 굳이 똥으로 경단을 만든다.** 이는 똥 경단 안에 알을 낳기 위해서다. 산란용 둥지를 포식자가 없는 안전한 곳까지 굴려서 운반한다. 안전한 장소에 구멍을 판 뒤, 그곳에서 똥 경단 안에 알을 낳고, **똥 경단 안에서 부화한 애벌레는 똥을 먹고 날개돋이를 한 뒤 어른벌레가 되어 똥 밖으로 나온다.**

하나부터 열까지 똥, 똥, 똥이지만 고대 이집트에서 동그란 똥 경단은 태양에 빗대어졌고, 왕소똥구리는 태양신의 화신으로 받아들여졌다.

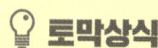

💡 토막상식

왕소똥구리 중에는 똥을 고르는 기준이 까다로운 종도 있어. 아마미등점박이말똥구리는 일본의 아마미오시마섬과 도쿠노시마섬에 서식하는 멸종 위기종인 아마미검은멧토끼의 똥만 먹는 까다로운 녀석이야. 태국에 서식하는 세계 최대의 왕소똥구리인 도미누스왕소똥구리는 아시아코끼리의 똥을 먹어.

정보

- **분류**: 딱정벌레목 소똥구리과
- **크기**: 26~40mm
- **서식지**: 한국, 일본, 중국, 타이완

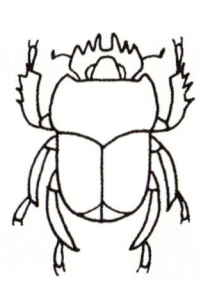

어마무시 **등급**

힘 / 기교 / 속도 / 기술 방어력

꽤나 어마무시해!

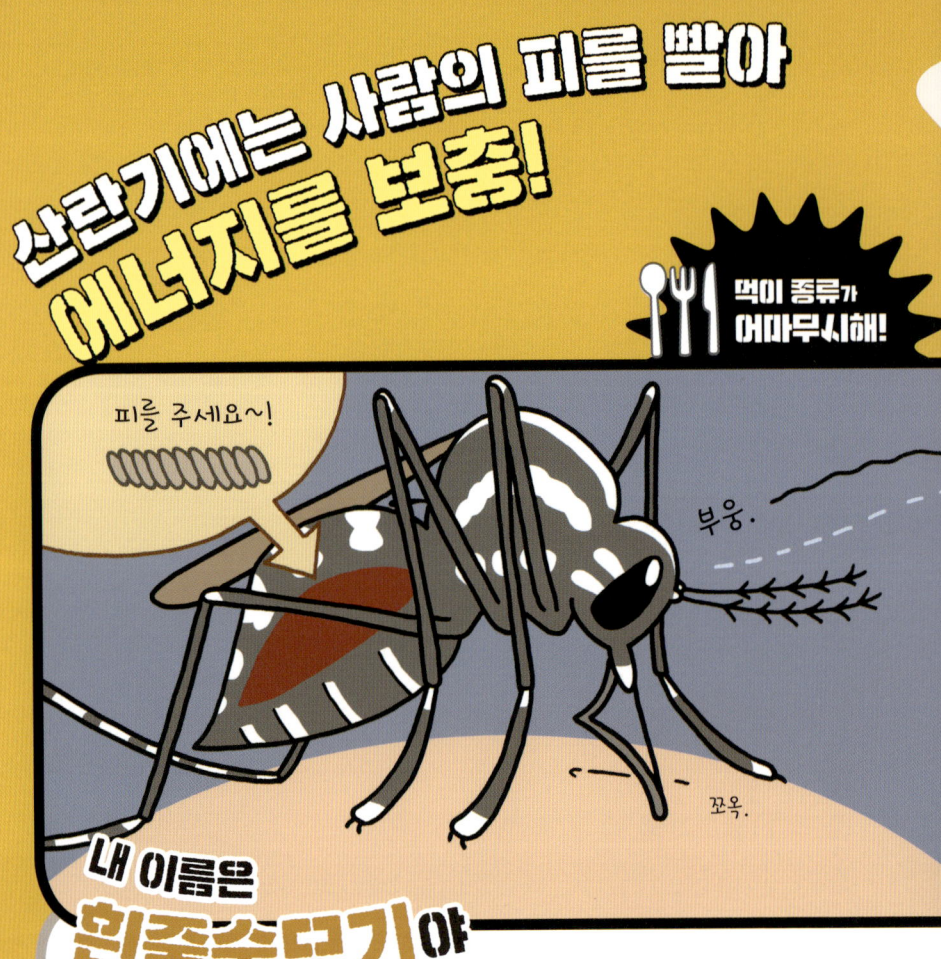

모기라 하면 사람의 피를 빤다는 인상이 강하지만 모든 모기가 피를 빨지는 않는다. 오로지 산란기의 암컷만이 사람의 피를 빤다.

출산에 체력이 필요한 것은 사람이나 모기나 마찬가지이다. **산란기가 되면 암컷 모기는 알이 성장하는 데 필요한 영양분과 산란에 필요한 에너지를 보충하기 위해 영양이 풍부한 사람의 혈액을 빨아먹는다.** 산란을 위한 특별식이다.

정보

- 분류: 파리목 모기과
- 크기: 4~5mm
- 서식지: 한국, 일본, 중국, 동남아시아

살짝 어마무시해!

평소에는 꽃의 꿀.

귀한 건 우리 아가들만...

고마워요 엄마...

💡 토막상식

아무리 산란을 위해서라지만 질병을 옮기기도 하므로 사람에게 모기는 조심해야 할 곤충이야. 하지만 사람이 모기의 덕을 보는 경우도 있어. 바로 주사기 바늘이지. 모기에 물려도 아프지 않은 이유 중 하나로, 주둥이의 생김새가 특이하기 때문에 피부에 닿는 면적이 작다는 점을 꼽을 수 있어. 그런 모기의 주둥이를 본 따 아프지 않은 주사기 바늘이 개발된거지.

하지만 그런 특별식을 먹으려면 목숨을 걸어야 한다. 인간이라는 적은 모기를 때려잡기 위해 기를 쓰고 공격해오고, 그 공격을 돌파하지 못하면 알을 낳을 수 없다. 새끼를 위한 목숨 건 식사이고, 이는 자손을 남기기 위한 투쟁이다.

참고로 **산란기를 제외한 시기에는 수컷과 암컷 모두 꽃의 꿀이나 풀의 진액을 주식으로 삼는다.**

커다란 둥지 안에서 열심히 버섯 농사를 지어요

먹이 종류가 어마무시해!

영차. 영차. 영차.

내 이름은 잎꾼개미야

인간보다 훨씬 이전부터 농사를 지어온 곤충이 있다. 바로 열대 아메리카에 서식하는 잎꾼개미다.

잎꾼개미는 지상에서 30~50센티미터 정도 솟아오른 개미집을 짓는데, 그 **지하에서 잎꾼개미들은 버섯을 재배하고 버섯을 주식으로 삼아 생활하고 있다.** 작업은 일개미들의 철저한 분업으로 이루어진다. 대형 개미는 개미집 등을 지키는 병정 개미고, 운반 담당인 중형 개미는 큰턱을 이용해 식

정보

- 분류: 벌목 개미과
- 크기: 3~20mm
- 서식지: 중미~남미

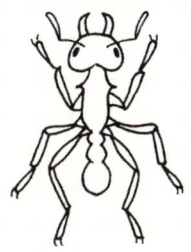

토막상식

농사를 짓는 개미가 있다면 저장을 하는 개미도 있어. 심지어 자신의 몸에 먹이를 저장하기도 해. 이런 묘기를 펼치는 개미는 오스트레일리아의 사막지대에 서식하는 꿀단지개미야. 일개미는 꽃의 꿀을 배 속에 저장한 뒤 개미집 천장에 매달려. 먹이가 적은 시기에 이 꿀을 나눠먹으며 버틴단다.

물을 자른 뒤, 대열을 이루어서 집까지 운반한다. 소형 개미는 재배 담당이이고, **운반된 식물을 집 안에서 잘게 찢고 균을 심어서 개미버섯이라는 버섯을 재배한다.**

버섯 재배를 위해 상당한 양의 식물이 잘려나가지만 잎꾼개미가 식물을 땅속으로 가져가 분해해둔 덕에 영양가 풍부한 토양이 생겨난다는 점에서 지역 생태계의 순환에 한몫 거들고 있다.

꿀을 주는 깍지벌레를 길러요

사냥을 하는 개미, 농사를 짓는 개미가 있다면 가축을 기르는 개미도 있다. 본래 개미에게서는 단물이라는 달콤한 꿀을 얻는 대신 진딧물을 천적으로부터 지켜주는 행동을 자주 찾아볼 수 있다. 이렇게 서로 돕는 관계가 한층 강해진 것이 바로 깍지개미와 패각충이다.

패각충은 진딧물과 마찬가지로 단물을 제공하는 깍지벌레의 일종이고, **깍지개미는 언제든 단물을 얻을 수 있도록 둥지 안에서 이 깍지벌레를**

정보

- 분류: 벌목 개미과
- 크기: 2~2.5mm
- 서식지: 일본 혼슈, 시코쿠, 규슈, 난세이 제도, 대만, 중국 남부

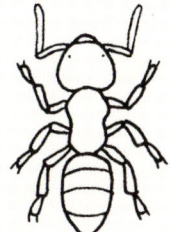

어마무시 등급

힘 / 기교 / 기술 방어력 / 속도

살짝 어마무시해!

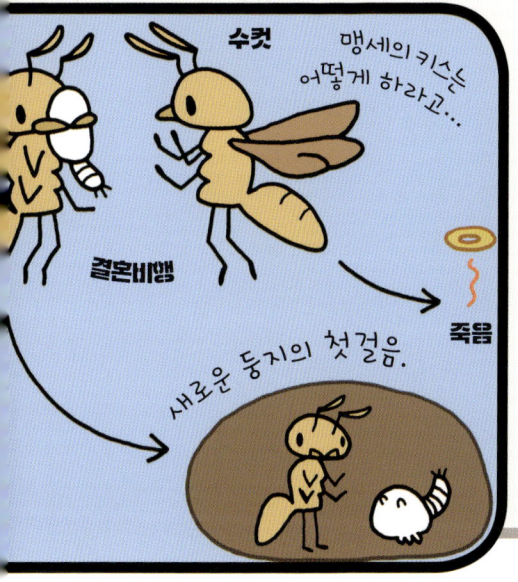

수컷
맹세의 키스는 어떻게 하라고...
결혼비행
죽음
새로운 둥지의 첫걸음.

💡 **토막상식**

달콤한 즙을 바치고 개미에게 신세를 지는 생물은 진딧물이나 깍지벌레가 전부는 아니야. 사실 식물 중에도 개미를 이용하는 종이 있어. 예를 들어 얼레지는 씨앗의 일부에 개미가 좋아하는 먹이를 묻혀둬. 씨앗을 집으로 가지고 돌아간 개미는 먹이 부분만 먹고 씨앗은 집 밖으로 던져버려. 이러면 결과적으로 개미는 씨뿌리기를 대신 해 준 셈이야.

기른다. 이러한 관계가 얼마나 오랫동안 이어졌는지는 모르지만 **새로운 여왕이 될 암컷 개미가 집을 떠날 때는 깍지벌레 한 마리를 입에 문 채 날아오른다.** 그리고 새로 만든 개미집에서 그 깍지벌레를 기르고 늘려나간다. 마치 목장의 개척자 같다. 아직 한국에서는 살고 있지 않다.

어쩌면 플라스틱까지 뜯어치울지도?

먹이 종류가 어마무시해!

고마워라.

냠냠.

내 이름은 꿀벌부채명나방(애벌레)야

꿀벌부채명나방을 아는 사람은 적을지도 모르지만 그 애벌레가 바로 '왁스 웜'이라고 한다면 "아하!" 하고 무릎을 치는 사람도 있지 않을까? 물고기나 양서류, 파충류 등의 먹이로 이용되는 애벌레가다. **꿀벌부채명나방의 애벌레는 꿀벌의 집에 기생하며 밀랍을 먹는다고 알려져 있는데, 최근에는 비닐봉지를 먹는다는 사실이 발견되었다.** 비닐봉지의 폴리에틸렌과 밀랍은 비슷한 구조이기 때문에 **애벌레의 몸에 있는 세균이 플라스틱도 분해할 수 있다.** 또한 이 발견을 계기로 다른 나방 애벌레의 장내 세균도 비슷한 작용을 한다는 사실이 드러났다.

분해되기까지 수천 년이나 걸리는 탓에 환경 문제를 일으키는 플라스틱이지만, 곤충이 해결의 실마리를 제공해 줄지도 모른다.

토막상식

벌집을 먹는 꿀벌부채명나방의 애벌레에 또 다른 벌이 기생하는 경우가 있어. 그 기생벌은 바로 고치벌이야. 고치벌은 나비나 나방 등의 애벌레에 알을 낳고, 부화하면 그 애벌레를 먹으며 성장해. 먹고 먹히고, 생물의 세계는 빙글빙글 돌면서 이루어져.

정보

- **분류** 나비목 명나방과
- **크기** 10~16mm 애벌레의 크기 약 20mm
- **서식지** 한국, 일본, 중국, 세계 각지

어마무시 등급 — 살짝 어마무시해!

곤충은 어마무시해!  4

도시락
떡갈나무긴나무좀

속고 속이고
2차 기생벌

주요 참고 자료

『비주얼 사이언스-세계의 101가지 희귀한 곤충』운노 가즈오(세이분도신코샤)
『일본산 매미과 도감』하야시 마사미, 사이쇼 야스마사(세이분도신코샤)
『곤충의 굉장한 순간 도감』이시이 마코토(세이분도신코샤)
『개정증보판 일본의 거미』신카이 에이이치(분이치종합출판)
『일본의 하늘소 핸드북』스즈키 도모유키(분이치종합출판)
『개미 핸드북』데라야마 마모루(분이치종합출판)
『신판 수생생물 핸드북』가리타 도시조(분이치종합출판)
『우는 벌레 핸드북』오쿠야마 후타로(분이치종합출판)
『거미 핸드북』바바 유키, 다니카와 아키오(분이치종합출판)
『잎벌레 핸드북』오즈노 아키라(분이치종합출판)
『각켄 도감-세계의 곤충』(가쿠슈켄큐샤)
『각켄 도감 LIVE-곤충』(각켄교육출판)
『각켄 도감 LIVE-위험생물』(각켄교육출판)
『각켄 대도감-일본의 모든 개미 도감』(가쿠슈켄큐샤)
『각켄 대도감-위험·유독생물』(가쿠슈켄큐샤)
『일본산 애벌레 도감』(가쿠슈켄큐샤)
『원색 곤충 대도감 I』(호쿠류칸)
『원색 곤충 대도감 II』(호쿠류칸)
『원색 곤충 대도감 III』(호쿠류칸)
『학생판 일본 곤충 도감』(호쿠류칸)
『쇼가쿠칸 도감 NEO-곤충』(쇼가쿠칸)
『쇼가쿠칸 도감 NEO-장수풍뎅이·사슴벌레』(쇼가쿠칸)
『현재 멸종 위기에 처한 물가의 생물들』우치야마 류 편집 및 사진, 이치카와 노리타카 해설(산과 계곡사)
『논에 사는 생물 도감』우치야마 류(산과 계곡사)
『잠자리의 모든 것』이노우에 기요시, 다니 고조(잠자리출판)
『고추잠자리의 모든 것』이노우에 기요시, 다니 고조(잠자리출판)
『소금쟁이의 수수께끼』이누이 미노루(잠자리출판)
『사마귀의 모든 것』오카다 마사야(잠자리출판)
『대벌레의 모든 것』오카다 마사야(잠자리출판)
『깜짝 곤충 대도감』스다 겐지(다카하시쇼텐)
『도감-낙엽 밑 동물과 친구들』지렁이클럽(기술평론사)

『곤충박사 입문』오노 마사오 감수, 야마자키 히데오 지음(전국농촌교육협회)
『사냥벌 생태 도감』다나카 요시히로(전국농촌교육협회)
『세계의 사슴벌레-기네스북』니시야마 야스노리(모쿠요샤)
『알려지지 않은 동물의 세계-거미·진드기·전갈 무리』아오키 준이치(아사쿠라쇼텐)
『세상에서 가장 멋진 곤충 교실』스다 겐지 감수, 모리야마 신페이 글(산사이북스)
『곤충 이름 사전』모리가미 노부오(세카이분카샤)
『공벌레 가이드-한 권이 모두 공벌레로 가득』오쿠야마 후타로, 미노지(DU BOOKS)
『세계 희귀 곤충 도감』가와카미 요이치 지음, 우에다 교이치로 감수(가시와쇼보)
『곤충의 신비』마루야마 무네토시(다카라지마샤)
『반짝이는 딱정벌레』마루야마 무네토시(겐토샤)
『야산의 우는 벌레 도감』세나가 다케시(가이세이샤)
『수액 군의 귀욤귀욤 곤충 대백과』수액 군 지음, 스다 겐지 감수(지쓰교노니혼샤)
『곤충희화 깜짝 잡학사전』수액 군 그림, 마루야마 무네토시 글(오이즈미쇼텐)
『길러보자⑧ 방울벌레』요시야 구니히로 지음, 사이구사 히로유키 감수(아카네쇼)
『곤충이 사는 곳-생활방식은 집에서 나타난다』고마쓰 다카시(베레출판)
『도설 세계의 곤충1-동남아시아편 I』사카구치 고헤이(호이쿠샤)
『도설 세계의 곤충2-동남아시아편 II』사카구치 고헤이(호이쿠샤)
『고단샤의 움직이는 도감 MOVE 곤충』(고단샤)
『곤충은 굉장해』마루야마 무네토시(고분샤)

추천의 글

우리는 지금 여러 가지 다양한 모습으로 무장을 하고 있는 엄청난 무리들의 곤충 세계에 휩싸여 살고 있습니다. 아무리 우리 인간이 지구에서 가장 힘센 주인공이라고 우겨도 곤충들은 쉽게 물러설 기미가 보이지 않습니다. 이렇듯 100만 여종의 곤충들은 헤아릴 수 없이 많은 숫자를 앞세워서 지구의 도처를 점령하고 호시탐탐 우리들의 영역을 넘보고 있는 것입니다.

이렇게 곤충이 지구상에서 번성을 하게 된 데에는 여러 가지 배경이 있습니다. 약 4억 여 년 전에 출현한 곤충들은 오랜 세월을 거쳐 진화와 적응을 되풀이하며 많은 능력과 재주를 갖추게 되었습니다.

이 책에서는 다양한 방식으로 숨겨진 곤충의 비밀을 어마어마하고 무시무시한 공격 방법, 생활방식, 신체의 구조, 먹이 방식 등에 대하여 알기 쉽게 나타내고 있습니다. 우리가 잘 모르고 있었던 어마어마하고 무시무시한 곤충의 세계에 대해 짜임새 있는 설명과 재미있는 정보 그리고 토막 상식을 통해 우리의 영원한 동반자 곤충들에게 많은 관심과 흥미를 느끼시길 바랍니다.

남상호
대전대학교 석좌교수

색인

2차 기생벌 158

ㄱ

가짜흑성무당거저리 107
가위톱장수하늘소 30
가짜흑성무당거저리 107
겐지반딧불이 102
개미 109
개미귀신 50
개미집귀뚜라미 73
거위벌레 62
거품벌레 129
고추좀잠자리 74
고치벌 157
곤봉딱정벌레 138
공벌레 120
광대노린재 61
군대개미 71
귀뚜라미 56, 111, 133
금자라남생이잎벌레 128
기라파톱사슴벌레 29
기린목바구미 107
기생벌 37
기생재주나방 134
긴수염대벌레 112
깍지개미 154
꿀단지개미 153
꿀벌부채명나방 156
끝검은말매미충 106

ㄴ

난초사마귀 105
날도래 65
남가뢰 84
남방사마귀물가파리 134
남방장수풍뎅이 97
남방차주머니나방 64
넓적사슴벌레 27
노랑무당바퀴 115
노랑초파리 77
누에나방 68
는쟁이벌 90
늦반딧불이 103

ㄷ

달팽이 136
담흙부전나비 72
대벌레 55, 105
도미누스왕소똥구리 149
도롱이벌레 65
둥글풍뎅이 122
디디오스모르포나비 126
떡갈나무긴나무좀 158

ㄹ

롱기마누스앞장다리하늘소 31

ㅁ

매미기생나방 78

먹그림나비 89
먹바퀴 114
명주잠자리 51
메뚜기 111
메탈리퍼가위사슴벌레 147
모기 151
모르포나비 127
몸큰가지나방 105
몸큰녹색대벌레 54
무당거미 86
무당벌레 115, 141
무시쿠소하무시 107
문닫이거미 87
물거미 87, 119
물방개 58
물자라 61
물장군 60
뮤엘러리사슴벌레 99
민민매미 95

ㅂ

바다소금쟁이 119
바이올린벌레 107
바퀴 43, 115
반날개 73
반딧불이 102
방울벌레 132
버섯흰개미 117
별박이보석바구미 130
베네수엘라침광대노린재 47
보라금풍뎅이 100
보석바구미 131

곤충의 이름으로 찾아보자!

보석풍뎅이 99
볼라스거미 87
부채벌레 79
붉은불개미 48
비단벌레 98
뿔매미 108

왕침노린재 46
왜콩풍뎅이 101
외뿔장수풍뎅이 96
요코즈나 침광대노린재 46
웃는바퀴 115
유지매미 94
잎꾼개미 152

칠성무당벌레 140
침광대노린재 47

ㅋ
코카서스투구장수풍뎅이 24, 97
큰나뭇잎벌레 104
큰집게벌레 56

ㅅ
사슴벌레 27, 29
사향제비나비 143
섬서구메뚜기 76
소금쟁이 118
수중다리왕잎벌레 52

ㅈ
장대뿔쌍집게사슴벌레 28
장미가위벌 63
장수말벌 38
장수잠자리 40
장수풍뎅이 97
재래꿀벌 36
저녁매미 79, 95
제비나비붙이 143
제왕나비 75
제왕비단나비 142
조롱나뭇잎진딧물 82
좀벌 158
진디벌 158
진딧물 82
집파리 124
짱구개미 70

ㅌ
타이탄하늘소 31
털보말벌 39
투명뱀눈나비 127

ㅇ
아그리아드나비 127
아돌피네뿔솟은사슴벌레 146
아마미등점박이말똥구리 149
악어머리뿔매미 93
앉은뱅이 66
애동글바퀴 123
애반딧불이 103
애사슴벌레 56
여왕개미 117
여치 111
올빼미나비 93
왕귀뚜라미 133
왕나비 145
왕사마귀 42
왕소똥구리 148
왕오색나비 144

ㅍ
파라포네라 49
파우퍼장수풍뎅이 97
패각충 154
폭탄먼지벌레 32
푸른큰수리팔랑나비 88
풀무치 110

ㅊ
참매미 95
참민뿔가위벌 139
참밑들이 80
춤파리 81

ㅎ
하늘소붙이 33
헤라클레스장수투구벌레 23
호랑나비 45, 145
호리병벌 90
흑잎벌레 107
흰개미 116
흰독나방 34
흰줄숲모기 150

초판 1쇄 발행 2021년 2월 1일 초판 4쇄 발행 2023년 10월 27일

감수 스다 겐지 | 그림 이즈모리 요 | 한국어판 감수 남상호 | 옮김 곽범신
펴낸이 이승현 | 출판3 본부장 최순영 | 교양 학습 팀장 김솔미 | 편집 최다혜
키즈 디자인 팀장 이수현 | 디자인 톡톡

펴낸곳 ㈜위즈덤하우스 출판등록 2000년 5월 23일 제13-1071호
주소 서울특별시 마포구 양화로 19 합정오피스빌딩 17층
전화 02) 2179-5600
전자우편 kids@wisdomhouse.co.kr 홈페이지 www.wisdomhouse.co.kr

ⓒ 스다 겐지, 2021
ISBN 979-11-91308-10-5 77800

KONCHUTACHI NO YABAI IKIKATA ZUKAN
Supervised by Kenji Suda | Illustrated by You Izumori
Copyright ⓒ NIHONBUNGEISHA Co.,Ltd., 2019
All rights reserved.
Original Japanese edition published by NIHONBUNGEISHA Co.,Ltd.
Korean translation copyright 2021 by Wisdomhouse Inc.
This Korean edition published by arrangement with NIHONBUNGEISHA Co.,Ltd., Tokyo.
through HonnoKizuna, Inc., Tokyo, and BC Agency

이 책의 한국어판 저작권은 BC에이전시를 통해 저작권자와 독점계약을 맺은 ㈜위즈덤하우스에 있습니다.
저작권법에 의해 한국 내에서 보호를 받는 저작물이므로 무단전재와 복제를 금합니다.

＊인쇄·제작 및 유통상의 파본 도서는 구입하신 서점에서 바꿔드립니다. ＊책값은 뒤표지에 있습니다.
＊이 책의 사용 연령은 8~13세입니다.